메트로폴리탄 뉴욕

오페라와 문화예술의 도시

일러두기

1. 단행본은 겹낫표(『』)로, 시·희곡 등은 홑낫표(「」)로, 잡지·오페라·연극 등은 겹꺾쇠(《》)로, 영화·노래·텔레비전 시리즈·그림은 홑꺾쇠(〈〉)로 표시했다.
2. 오페라 작품명, 아리아명, 인명 등은 원어를 영문으로 병기했다.
3. 인·지명 및 외래어, 외국어 표기는 국립국어원의 규정을 따르는 것을 원칙으로 하고, 범용되는 표현에 한하여 일부 예외를 두었다.

메트로폴리탄 뉴욕

: 오페라와 문화예술의 도시
ⓒ 최재용 2022

초판 1쇄   2022년 1월 7일

지은이   최재용
펴낸이   윤은숙

펴낸곳   그림같은세상
등록일자 1995년 5월 17일
등록번호 10-1162
주소   경기도 파주시 교하읍 문발리 파주출판단지 513-9
전화   031-955-7374 (마케팅)
          031-955-7384 (편집)
팩스   031-955-7393

ISBN   979-11-90831-19-2 (03670)

값은 뒤표지에 있습니다. 잘못된 책은 구입하신 곳에서 바꿔드립니다.

메트로폴리탄 뉴욕

오페라와 문화예술의 도시

최재용 지음

그림같은세상

사랑하는 아내, 주희에게

들어가며

지난 2015년에서 2018년, 나는 뉴욕에 있었다. 해외 근무를 발령받아 '뉴욕 3년 살기' 기회를 얻은 것이다. 세계 중심 도시 뉴욕에서 생활하는 것은 그 자체만으로도 큰 경험이었으며, 생각과 꿈의 지평을 넓혀주는 소중한 계기가 되었다. 실제 생활을 통해 체화되는 복합적인 경험은 미디어나 여행을 통해 얻는 단편적인 식견과는 본질이 다르다. 더군다나 생활하는 공간이 온갖 다양성으로 넘쳐나고 누구에게나 로망이 될 만큼 흥미롭다면 더더욱 그렇다. 뉴욕에서 다시 이렇게 길게 살아보기는 어렵겠다는 생각이 들어 이곳저곳 열심히 다녔다. 매일 맨해튼 구석구석을 걷고 틈날 때마다 공연 행사를 찾았으며, 주말에는 꾸준히 근교 여행을 떠났다. 이렇게 생애 처음 온전히 뉴요커로 살아본 3년은 나에게 인생에 다시 없을 무척 소중한 기억으로 남았다. 그 기억들이 그저 휘발되어버리고 마는 것이 아쉬워 그곳에서 기록한 글들을 모아 책으로 내놓게 되었다. 다소 거칠고 주관적일지 모르지만 그만큼 생생하고 현장감 있게 다가가리라 믿는다.

　1장은 뉴욕에 머무는 동안 간간이 관람했던 메트로폴리탄 오페라의 후기를 담았다. 메트로폴리탄 오페라는 처음엔 어렵고 지루하며 거리감 있게 느껴졌지만, 관람을 거듭하면서 점점 친숙해지고 그 아름다움을 느낄 수 있었다. 오페라를 '나만의 예술'로서 감상하게 된 것은 무척 신기하고 감동적인 경험이었다. 이 글을 읽는 독자들도 나와 같은 감동을 느낄 수 있기를 바란다.
　2장은 메트로폴리탄 뉴욕의 곳곳을 다니며 인상 깊었던 장소나 이벤트 들을 테마 위주로 정리했다. 뉴욕에 살아본 사람으로서 뉴욕에 잠시 머물게 되는 분들에게 해줄 만한 이야기는 무엇일까 생각하며 적었다.

　나라는 한 개인의 소중한 경험에서 비롯된 후기가 독자들로 하여금 재미있고 아름다운 오페라라는 장르에 보다 흥미를 느끼고 뉴욕의 문화를 더 구체적으로 이해하는 계기가 되기를 바란다. 이 책이 누구나 한 번쯤 상상해보는 뉴욕 생활을 간접적으로 체험하는 기회가 되었으면 좋겠다.

차례

들어가며 • 7

1장 메트로폴리탄 오페라

오페라는 결코 우리와 멀지 않다 • 13 | 라 트라비아타 • 20 | 베르테르 • 26 | 루살카 • 31 | 피델리오 • 39 | 로미오와 줄리엣 • 46 | 아이다 • 51 | 예브게니 오네긴 • 56 | 장미의 기사 • 61 | 리골레토 • 67 | 돈 조반니 • 72 | 방황하는 네덜란드인 • 78 | 마술피리 • 85 | 노르마 • 92 | 투란도트 • 99 | 나비부인 • 104 | 베르디 레퀴엠 • 110 | 피가로의 결혼 • 116 | 헨젤과 그레텔 • 125 | 토스카 • 130 | 카발렐리아 루스티카나 & 팔리아치 • 137 | 사랑의 묘약 • 146 | 일 트로바토레 • 151 | 파르지팔 • 157 | 라보엠 • 163 | 니벨룽의 반지 • 169

2장 메트로폴리탄 뉴욕의 예술과 문화

메트로폴리탄 뉴욕의 단면들 • 203 | 오페라 • 205 | 발레 • 208 | 필하모닉, 소공연 • 210 | 쇼핑 • 219 | 중고 의류 처분 • 219 | 음반 • 222 | MoMA 필름 • 224 | 재즈 클럽 • 226 | 박물관 • 231 | 갠해튼 조망 • 241 | 맨해튼 아파트 • 244 | 맨해튼에서 주차하기 • 247 | 독립서점 • 251 | 퍼레이드 • 255 | 여름 비치 • 258 | 스포츠 • 261 | 브루클린 • 266 | 뉴욕 근교 • 271 | 뉴욕의 음식 • 284

Metropol

1장

메트로폴리탄 오페라

an Opera

이 장에 사용된 사진들은 독자의 이해를 돕기 위한 것으로
저자의 실제 오페라 관람 내용과는 무관하다.

오페라는 결코 우리와 멀지 않다

 사실 나는 오페라에 대해 거의 알지 못했다. 어릴 적 아버지가 사주신 턴테이블에 클래식 LP를 얹어 들어보고, 커서 오디오에 취미를 붙이면서 기기를 평가하기 위해 클래식 음악을 자주 들었던 것 외에는 오페라와 별다른 인연이 없다. 그런데 뉴욕에 머물면서 많은 변화를 겪었다. 일 마치고 시간만 있으면 링컨센터 오페라하우스에 들렀고, 틈만 나면 맨해튼 곳곳의 중고 서점을 다니며 오페라 관련 서적을 찾았다. 나도 모르게 오페라와 사랑에 빠진 것이다!
 오페라를 보기 전, 또는 보고 난 후에 인터넷에 관련 정보를 검색하거나 책을 읽고 음반을 찾아 과거 전설적인 가수들의 성악과 비교해보는 일은, 정말이지 가슴 벅찰 만큼 흥미롭다. 하나의 곡이 오랜 세월 동안 전승되며 다른 가수에 의해 다르게 불리게 되는 노래의 역사를 따라가는 건 정말 짜릿한 경험이다. 개인으로서 누릴 수 있는 문화적 호사의 극단이랄까. 소냐 욘체바(Sonya Yoncheva)와 마리아 칼라스

(Maria Callas)의 비올레타*, 매튜 폴렌자니(Matthew Polenzani)와 엔리코 카루소(Enrico Caruso)의 네모리노**는 엄연히 다른 것이다!

이는 수백 년 역사를 가진 클래식 음악에서만 즐길 수 있는 호사이며, 그나마도 녹음본이 남아 있는 서양음악을 통해서만 가능하다. 앞서도 말했지만, 메트로폴리탄 오페라를 직관하고 관련된 정보를 모으고 음반을 찾아 나름대로 해석, 평가하는 일련의 작업을 거쳐 나온 결과물을 혼자만 즐기기 아까워 나누고자 하는 것이 이 글의 동기다.

많은 이들이 오페라는 다른 세상 이야기라고 생각한다. 하지만 오페라는 사실 우리와 그리 멀지 않은 곳에 늘 있어왔다. 영화 〈쇼생크 탈출〉에서 주인공이 감찰관을 속이고 턴테이블 스피커를 창가로 돌릴 때 모두가 넋을 잃고 듣는 노래***, 〈귀여운 여인〉에서 남녀 주인공이 전세기로 샌프란시스코까지 이동하여 베르디의 오페라 《라 트라비아타》를 관람할 때 남주인공이 여주인공에게 첫 오페라에서 감동을 느끼지 못하면 영원히 오페라를 이해하지 못할 것이라 귀띔하는 장면, 〈인생은 아름다워〉에서 주인공이 아내에게 들려주려고 몰래 스피커를 바깥으로 돌리는 장면****과 〈대부 3〉에서 딸의 죽음에 통곡하는 마

---

* 《라 트라비아타 La Traviata》의 주인공.
** 《사랑의 묘약 L'elisir D'amore》의 주인공.
*** 《피가로의 결혼 Le nozze di Figaro》 중 〈편지의 이중창 Sull'aria〉.
**** 《호프만의 이야기 Les contes d'Hoffmann》 중 〈뱃노래 Belle nuit, o nuit d'amour〉.

지막 장면*에 사용된 음악, 휴대폰 판매원이었던 폴 포츠의 인생을 바꾼 《투란도트Turandot》의 〈공주는 잠 못 이루고Nessun dorma〉 등 영화와 드라마를 통해 접하여 이미 우리에게 친숙한 오페라 음악들이 많다.

우리나라 영화 〈파파로티〉**와 드라마 〈빈센조〉***에 나오는 음악들도 대부분 오페라 음악이다. 우리는 대개 오페라 음악을 들으며 '아 좋구나.' 느끼더라도 나서서 찾아보려고는 하지 않는다. 그 이유는 단순하다. '아직 오페라의 재미를 모르기 때문'이다.

오페라의 재미를 찾기 어려운 가장 큰 이유는 우선 성악에 대한 거부감이다. 성악 발성은 사람이 평소 내는 목소리 톤과는 너무나 다르기에, 성악 발성 듣는 것을 편하게 느끼는 사람은 별로 없다. 하지만 성악을 '인간이 낼 수 있는 소리를 가장 아름다우면서도 극적으로 표현하는 방식'이라고 이해한다면 좀 다르게 접근할 수 있다. 이 단계만 넘어서면 일상적인 노래와는 완전히 다른, 깊고 아름다운 성악의 세계에 눈뜨게 된다.

성악에는 소프라노, 메조소프라노, 테너, 바리톤, 베이스라는 다섯

---

* 《카발렐리아 루스티카나Cavalleria rusticana》
** 《투란도트》 중 〈공주는 잠 못 이루고〉
*** 《세르세Serse》 중 〈그리운 나무 그늘이여Ombra Mai Fu〉와 《카발렐리아 루스티카나》

개의 기본 카테고리 외에도 음색에 따라 경쾌하고 생동감 있으며 날렵한 '리릭(lyric)', 무겁고 서정적이면서도 힘이 넘치는 '드라마틱(dramatic)', 이 둘을 합친 '스핀토스(spintos)' 등 매우 다양한 영역*이 존재한다. 이를 소화하는 가수들도 각 분야별로 최적화된 성악가들이 각자의 개성을 다채롭게 뽐낸다.** 또한 극을 총괄하는 연출자나 오케스트라를 지휘하는 지휘자에 따라서도 작품의 해석이 완전히 달라질 수 있어 작품별로 어느 가수, 어느 연출의 어떤 버전을 골라 감상할지 고르는 재미가 매우 쏠쏠하다.

다음 걸림돌은 언어다. 대부분 이탈리아어와 독일어로 노래하기 때문에 오페라를 보면서 동시에 그 내용을 파악하기란 거의 불가능에 가깝다. 내용을 모르다 보니 자연스레 재미와 집중도가 떨어진다. 많

---

* 소프라노의 경우 《마술피리Die Zauberflote》의 파미나 역과 《장미의 기사Der Rosenkavalier》의 소피 역이 리릭, 《니벨룽의 반지Der Ring des Nibelungen》의 브륀힐데가 전형적인 드라마틱, 《일 트로바토레Il trovatore》의 레오노라 역과 《나비부인Madama Butterfly》의 초초산 역이 스핀토스 배역이다. 테너의 경우 《사랑의 묘약》의 네모리노 역이 리릭, 《트리스탄과 이졸데Tristan und Isolde》의 트리스탄 역이 드라마틱, 《일 트로바토레》의 만리코 역이 스핀토스라 할 수 있다.

소프라노와 테너 사이의 영역은 팔세토(가성)를 이용해 높은 음역대를 소화하는 카운터 테너 또는 남장한 여성 메조소프라노(또는 알토)가 부르는 경우가 많은데, 헨델의 《세르세》 중 〈그리운 나무 그늘이여〉가 대표적인 카스트라토 영역에 해당한다. (Anthony Tommasini(2004))

** 바그너 오페라에 특화된 성악가 그룹(Wagnerian)처럼 대부분의 성악가가 고유 영역을 가지고 있지만, 분야를 한정하지 않고 거의 모든 분야를 망라하여 노래하는 성악가들 또한 존재한다. 어둡고 무게감 있는 음색으로 거의 메조소프라노에 가까운 드라마틱 소프라노 마리아 칼라스가 리릭 오페라의 대명사인 로시니 《세비야의 이발사Il barbiere di Siviglia》의 로지나 역을 즐겨 노래한 것이나, 맑고 높은 톤으로 대표적 리릭 테너라 할 수 있는 파바로티가 무게감과 박력이 요구되는 베르디 《아이다Aida》의 라다메스 장군 역을 노래한 것 등이 그 예다. (Anthony Tommasini(2004))

은 사람이 '오페라는 졸리다'고 생각하는 이유다. 그러나 미리 극의 내용을 파악하고 간다면 이야기는 180도 달라진다. 인터넷을 통해 한 시간만 내용을 검색해본다면, 아니 오프닝 전 단 10분만이라도 시놉시스를 훑어본다면 오페라의 재미를 몇 배나 더 느낄 수 있을 것이다. 이에 더해 오페라의 작곡가, 배경, 역사와 성악 가수들의 면모를 대충이라도 알아 가거나, 주요 아리아를 미리 들어보고, 대본을 읽어본다면 그 재미는 상상 이상으로 높아질 것이다. 일반 영화와는 달리, 오페라는 스포일러를 많이 접하고 갈수록 관람 효과가 극대화된다.

메트로폴리탄 오페라하우스의 객석은 바로 앞 좌석 의자 윗면에 작은 자막기가 설치되어 있어 공연 중 자막을 보기가 매우 편리하다. 멀리 대형 스크린에도 자막이 뜨긴 하지만, 무대와 대형 스크린을 번갈아 보기는 불편하기 때문이다. 바로 눈앞에 자막기가 있으니 무대를 보면서 자막을 곁눈질해 읽을 수 있어 효과가 만점이었다.

이밖에도 영화나 뮤지컬 배우들보다 오페라 가수들의 대중성이 떨어지고, 대부분 고전 레퍼토리라 현대적 다양성이 부족한 점 등 오페라에는 다른 단점들도 많다. 하지만 가수의 대중성은 관객의 저변이 두터워지면 자연스레 해결될 문제이며, 레퍼토리의 고전성은 시대를 불문한 호소력으로 오히려 장점으로 승화할 수도 있다. 더욱이 요즘은 같은 주제를 현대를 배경으로 재해석하거나《라 트라비아타》《리골레토 Rigoletto》등), 레퍼토리의 다양성을 높이기 위해 원작과 다르게 연출하는 경우(《마술피리》《니벨룽의 반지》 등)도 많아 제약이 사라지는 추세다.

한번 오페라에 재미를 느끼기 시작한다면, 이제 헤어나오기 어려울 만큼 흥미로운 오페라의 세계에 발을 담그게 되는 것이다. 다른 공연 장르와는 달리 연간 공연 횟수가 많지 않다는 것이 또 다른 단점이지만, 코로나19 확산으로 직접 관람이 어려워진 이 시대에는 그마저 크게 문제되지 않는다.

처음엔 흥미가 가는 오페라를 찾고 네이버나 유튜브에서 유명 아리아부터 찾아 들어보자. 가볍게 아리아의 선율에 익숙해지면 이제 그 내용이 궁금해질 것이다. 웹서핑을 통해 대략 내용을 알게 되면 이제 전체적인 무대가 보고 싶어진다. 음반*이나 DVD 또는 유튜브를 통해 오페라 가수들의 노래와 연기를 보고 전체적인 극을 이해하게 되면 이제 가수가 누군지 궁금해진다. 오페라 가수에 대해 점점 더 알아가고 비교하면서 좋아하는 성악가를 찾게 되면 이제는 그가 출연한 다른 오페라도 궁금해진다…. 이 책은 오페라에 취미를 붙여가는 과정

---

* 독자들의 이해를 돕기 위해 개인적으로 수집하여 들어본 음반 가운데 각각의 오페라를 가장 잘 표현했다고 여겨지는 음반을 추려 각 오페라에 대한 글 마지막에 '추천 음반'으로 제시했다. 대부분 오래된 LP와 CD지만 대중적인 음반이라 아마존이나 이베이 등을 통해 저렴하게 구할 수 있다. 품절되었을 경우에는 유튜브나 음원 사이트 등에서 다른 버전으로 들어볼 수 있다.

에서 간접 체험의 폭을 넓혀주는 콘텐츠로 활용되었으면 하는 바람으로 만들어졌다. 지금부터는 내가 본 메트로폴리탄 오페라의 세계로 여러분을 초대하고자 한다.

라 트라비아타

　지금은 가장 대중적인 오페라가 된《라 트라비아타》가 1853년 베니스 초연 당시에는 형편없는 실패작으로 평가받았다는 사실은 꽤나 아이러니하다. 첫 공연을 마친 다음 날 베르디는 "《라 트라비아타》는 실패작이고 웃음거리가 되었다."고 자책하였다 한다. 그러면서도 한편으론 "아직 실망할 때는 아니지. 어젯밤 혹평이 다는 아닐 거야."라며 희망을 버리지 않았다고 하는데, 그의 희망이 현실이 된 셈이다.

《라 트라비아타》는 베르디 초기 작품으로, 스케일이 큰 전작《리골레토》나《일 트로바토레》와는 사뭇 다르게 지극히 개인적이고 여성적인 스토리를 담고 있다. 베르디 오페라 중 드라마틱하고 섬세하며 심금을 울리는 데 있어 가히 최고의 작품이라 할 수 있다. 특히 여주인공 비올레타가 부르는 아리아는 소프라노의 최고 정점으로 평가된다. 소프라노라면 누구나 비올레타 역으로 성공하기를 바라는 것은 이 때문이다.

《라 트라비아타》의 원작에 대해서는 여러 설이 분분한데 『삼총사』의 작가 뒤마(Alexandre Dumas, 1802~1870)의 아들이 쓴 연극《춘희 La Dame aux Camélias》를 각색하였다는 설이 현재로선 가장 유력하다.

《라 트라비아타》는《리골레토》와 함께 메트로폴리탄 오페라에서 시대적 배경을 현대로 각색하여 공연하고 있는 대표적인 작품 중 하나이기도 한데, 이는 베르디가 초연 당시 이 작품은 현재(contemporary)를 배경으로 해야 한다고 이야기한 데 따른 것이라고 한다. 하지만 베르디의 원래 의도를 놓고 작품 주제의 보편성 때문에 항상 현재를 배경으로 해야 한다고 한 것인지, 아니면 베르디가 살던 당시를 배경으로 해야 한다고 한 것인지에 대해서 아직 의견이 분분하다. 현대를 배경으로 함으로써 관객이 더 공감할 수 있다고 여기기에 개인적으로는 전자의 손을 들어주고 싶다.

모든 오페라를 통틀어 우리 귀에 가장 익숙한 음악과 곡을 가진 오페라를 하나 꼽으라면 아마도 《라 트라비아타》가 선택되지 않을까? 거의 모든 아리아가 "아! 이거구나!" 할 만큼 매우 익숙하고 아름답다. 1막에서 비올레타가 부르는 다소 도전적인 〈언제까지나 자유롭게 Sempre libera〉부터 3막의 절망적인 〈지난날이여, 안녕 Addio, del passato〉에 이르기까지 감정의 변화가 보여줄 수 있는 최대치까지 끌어 올린 극적인 감동을 전해준다. 특히 2막에서 비올레타와 알프레도의 아버지 제르몽이 주고받는 이중창 신은 관객의 마음을 사로잡는 가장 드라마틱한 장면으로 꼽힌다.

제르몽은 알프레도가 없는 사이 비올레타를 찾아와 제발 자기 아들을 놓아달라고 사정한다. 명분은 알프레도가 집으로 돌아오지 않으면 그 여동생의 결혼이 무산될 수 있으니 떠나달라는 건데, 실은 비올레타를 흔한 거리의 여자로 생각하고 무시하기 때문이다. 처음에 완강히 거부하던 비올레타는 알프레도를 진정으로 위하는 마음에 점점 흔들리고 결국 제르몽의 부탁을 수락하고 만다. 이중적 부르주아의 대표 격인 제르몽과 순수하면서 가녀리게 흔들리는 백치미를 가진 비올레타가 교감하는 이 부분의 듀엣 〈오! 가련한 내 운명이여! Ah! Dite alla Giovine si bella e pura〉는 비올레타의 저항이 절망이 되고 끝내 포기에까지 이르는 극적 변화를 처연하고도 드라마틱하게 전해준다.

또 하나의 대중적인 아리아로 2막에서 제르몽이 아들 알프레도를 만나 비올레타를 포기하고 집으로 돌아오라고 설득하며 부르는 아리아 〈프로방스의 바다와 육지 Di Provenza il Mar〉를 빼놓을 수 없다. 고향 프로방스의 따스함과 아늑함이 아들을 염려하는 아버지의 따뜻한 애정과 어우러져 포근한 고향의 하늘을 연상케 하는 참으로 아름다운 아리아다. 아마도 바리톤 명곡의 상위 순위에는 늘 이 곡이 자리하고 있을 듯하다.

현대적으로 각색한 이 오페라의 무대장치는 단순함의 극치를 보여준다. 색상은 주로 흰색과 빨강(비올레타), 검정(군중과 사회)으로 이루어졌고, 소품은 커다란 시계와 의자 등 몇 개가 전부다. 이 중 시계는 죽음(저승사자가 무대 한쪽 구석에 계속 앉아 있다.)을 향하여 치닫는 비올레타의 비운을 상징적으로 보여주는 동시에 삶과 사랑에 대한 그녀의 애착을 대비적으로 표현한다.

배역은 타이틀 롤 비올레타 역에 메트로폴리탄 오페라단의 간판 소프라노 소냐 욘체바, 그녀와 사랑을 나누는 알프레도 역에 테너 마이클 파비아노(Michael Fabiano), 알프레도의 아버지 제르몽 역에 바리톤 토머스 햄프슨(Thomas Hampson)이 캐스팅되었다. 욘체바는 명성에 걸맞게 비운의 여주인공 비올레타를 시종일관 호소력 있게 표현하였으며, 파비아노는 카리스마는 부족했지만 미성의 테너로 열정에 사로잡힌 알프레도를 잘 표현하였다. 특히 극 중 비중 높은 제르몽 역의 햄프슨은 아들만 생각하는, 얄미울 만큼 이기적이고 이중적인 인물을 깊이 있게 표현하였다.

관람 노트

관람 일시: 2017년 2월 24일 (19:30~22:05)
지휘: Nicola Luisotti
감독: Willy Decker
프로그램 노트: Cori Ellison

추천 음반

지휘: John Pritchard
출연: Violetta: Joan Sutherland | Alfredo: Carlo Bergonzi | Giorgio Germont: Robert Merrill
오케스트라: Chorus and Orchestra of the Maggio Musiciale Fiorentino, 1964.
녹음: Decca(LP)

베르테르

사실 처음엔 소설로 스토리가 잘 알려진 만큼 오페라도 별반 다르지 않으리라 생각하고 그다지 기대하지 않았다. 하지만 《베르테르 Werther》는 소설과 오페라가 이렇게나 다를 수 있다는 것을 보여주었다. 우선 18세기 후반의 독일 프랑크푸르트 인근 마을을 그대로 옮겨 놓은 듯한 무대연출부터가 달랐고, 살아 움직이는 베르테르의 열정을 온 감각을 통해 그대로 느낄 수 있다는 점이 달랐다. 시작하자마자 내용을 알고 있어 좀 지겨울 수 있겠다 싶었던 애초의 걱정은 사라지고,

베르테르의 동작 하나하나, 노래 한 소절 한 소절이 주는 감동이 새록새록 전해져 와 감격스러웠다.

오페라 《베르테르》는 오케스트라가 주도하는 것도 아니고, 앙상블이나 코러스가 많은 것도 아니며, 오로지 주인공 베르테르와 샬롯의 솔로가 주를 이룬다. 베르테르와 샬롯의 듀엣이 있을 법도 한데 없다. 탄탄한 스토리 라인 때문인지 주인공의 아리아 위주로 전개되지만 이탈리아 오페라처럼 극이 중간중간 끊기는 듯한 느낌은 별로 들지 않는다.

원작이 워낙 대단한 작품인 만큼 그 덕을 보기도 했겠지만, 쥘 마스네(Jules Massenet, 1842~1912)의 오페라 처리가 그만큼 자연스러웠기 때문이다. 1890년대 바그너의 열렬한 지지자였던 음악비평가 조지 버나드 쇼조차 《베르테르》에 대해선 '솔즈한 본성 그 자체' '대단한 흡입력과 우아한 표현력'이라고 찬사를 아끼지 않았다 한다.

오페라 《베르테르》는 괴테의 소설 『젊은 베르테르의 슬픔*Die Leiden des jungen Wethers*』과 여러 면에서 다른데, 우선 극에서 다루는 기간이 여름부터 겨울까지 6개월로, 18개월인 소설에 비해 상당히 짧다. 소설에서는 베르테르가 샬롯에게 약혼자가 있다는 사실을 이미 알고 있는 상태에서 그녀를 만나지만, 오페라에서는 만나서야 그 사실을 알게 된다. 소설에서 11살로 묘사되는 샬롯의 여동생 소피도 오페라에서는 15살, 베르테르를 사랑하는 역할로 나와 극에 생기를 불어넣는다. 이외에도 여기저기서 극에 통일성을 주기 위한 마스네의 시도가 발견된다. 첫 부분에 아이들이 부르는 크리스마스 캐럴이 반복되는 것이나 베르테르가 샬롯에게 사랑을 고백하고 샬롯이 갈등하는 장면에서 계속 같은 배경음악*이 반복되는 것 등이 그 예다.

1막에서 샬롯 어머니의 죽음 뒤에 이어지는 베르테르의 사랑 고백은 훗날 그의 죽음을 암시하는 듯 애달프며, 3막에서 샬롯이 베르테르의 러브레터를 다시 읽으며 뒤늦게 그에 대한 사랑을 고백하는 장면에서 흐르는 아리아 〈어서 눈물 흐르게 해주오 *Va! Laisse couler mes larmes*〉와 베르테르가 다시 나타나 절규하는 아리아 〈봄바람이여, 왜 나를 깨우는가 *Pourquoi me reveiller*〉가 특히 유명하다.

마스네의 오페라는 주로 솔로 위주고 오케스트라의 비중이 크지 않은 것으로 알려져 있지만, 《베르테르》의 서곡이나 간주곡 등은 서정적인 극의 흐름을 뛰어나게 표현했다고 평가된다. 마스네는 탁월한 서정성 등으로 생전에도 상당한 인기를 누렸다고 한다. 그러나 사후에는 그의 작품 대부분이 사장되었고, 지금은 《마농 *Manon*》(1884), 《베르테르》(1892), 《타이스 *Thais*》(1894) 세 작품만 공연되고 있다.

---

* 드뷔시의 〈달빛 *Clair de lune*〉.

배역은 타이틀 롤 베르테르 역에 테너 비토리오 그리골로(Vittorio Grigolo), 샬롯 역에 메조소프라노 이사벨 레너드(Isabel Leonard), 샬롯의 약혼자 알베르트 역에 바리톤 데이빗 비지치(David Bizic), 샬롯의 동생 소피 역에 소프라노 안나 크리스티(Anna Christy) 등이 캐스팅되었다. '베르테르에 대한 이야기'라는 극의 성격상 베르테르 역 그리골로의 퍼포먼스가 압도적이었다. 폭풍처럼 질주하는 열정과 이를 주체하지 못하는 감정의 흐름을 매우 과감하게 표현하여 극 내내 관객의 박수가 끊이지 않았다. 샬롯의 레너드도 지적이며 우유부단한 역할을 잘 소화하긴 했지만 베르테르의 열정을 감당하기에는 다소 부족한 듯 보였다. '이렇게 열정이 부족한 것이 샬롯이라는 인물의 본래 성격인가?'라는 생각마저 들 정도였다.

마지막 베르테르가 죽는 장면은 클라이맥스인 만큼 상당히 길게 처리되었는데, 자살 시도 후 저렇게 오래도록 버틸 수 있나 싶을 정도로 일어나고 또 일어나서 노래 부르는 베르테르가 과장스럽다는 느낌이 들긴 했지만, 그 순수한 열정만큼은 마음을 뒤흔드는 감동이 있었다.

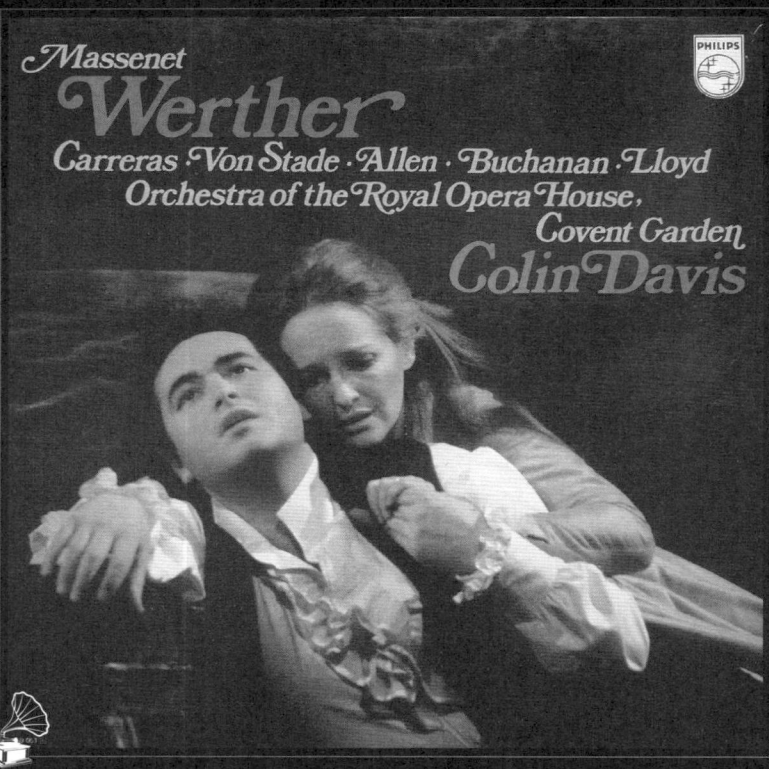

관람 노트
관람 일시: 2017년 3월 4일 (13:00~16:00)
지휘: Edward Gardner
감독: Richard Eyre
프로그램 노트: Paul Thomason

추천 음반
지휘: Colin Davis
출연: Werther: Jose Carreras | Charlotte: Frederica von Stade | Albert: Thomas Allen | Sophie: Isobel Buchanan
오케스트라: Orchestra of the Royal Opera House, Covent Garden, 1979.
녹음: Phillips(LP)

루살카

메트로폴리탄 오페라 저녁 공연을 보고 나면 보통 밤 11시 정도(때론 12시를 넘기기도 한다.)가 되기 때문에 서둘러 귀가하려는 관람객들이 지하철역을 가득 메운다. 이때를 놓치지 않고 거리의 악사는 늘 플랫폼 한구석에서 공연을 하는데, 색소폰으로 그날 공연의 하이라이트를 연주하곤 한다. 집으로 향하는 길, 루살카의 〈달에게 바치는 노래 Mesicku Na Nebi Hlubokem〉가 마음을 아련하게 했던 기억이 생생하다. 방금 본 루살카가 악사의 색소폰을 통해 웅성거리는 인파 속에 다시 나타난 것처럼 애잔하고 서글픈 울림이 역을 한가득 메우고 있었다.

《루살카Rusalka》는 한마디로 체코판 '인어공주'다. 왕자의 사랑을 얻기 위해 목소리를 잃고 인간이 된 물의 요정의 이야기로, 푸케(Friedrich de la Motte Fouque, 1777~1843)의 소설 『운디네Undine』와 안데르센의 동화 『인어공주』를 모태로 한 작품이다. 수년간 미국에서의 외유를 마치고 돌아온 안토닌 드보르자크(Antonin Dvorak, 1841~1904)가 조국 체코의 소중함을 깨닫고 절절한 애국심으로 들끓던 시기에 만든 작품으로, 인어공주의 동기(動機)에 체코의 민속 전설을 가미한 일종의 민속 오페라다. 세계적으로 성공한 오페라 중 이탈리아어, 프랑스어, 독일어가 아닌 언어로 만들어진 오페라는 《루살카》가 거의 유일하지 않을까 싶다.

《루살카》는 인어공주 원본과 내용이 거의 같은 비극이다. 사랑에 빠진 처녀의 처연한 아름다움, 이루지 못한 사랑에 대한 비애, 자꾸 엇갈리는 사랑의 안타까움 등이 극의 중심을 이룬다. 하지만 전체적으로 받은 느낌은 서정적인 아름다움만은 아니었다. 약간은 섬뜩한 극 전개, 불행한 죽음을 맞는 왕자의 운명에 대한 연민, 종이 한 장 차이를 두고 공존하는 사랑과 복수 등 과하게 말하면 약간은 엽기적인 느낌마저 드는 내용이었다. 짝사랑하는 왕자에게 마법을 걸어 결국은 죽음으로까지 몰고 가는 스토커 루살카. 아무리 사랑을 배신한 잘못이 크다 해도 죽음의 저주에 걸릴 만큼은 아닐 텐데. 어찌 보면 왕자의 불행은 루살카의 짝사랑의 대상이 된 순간부터 시작된 것인지도 모른다. 보는 사람마다 관점이 다르겠지만 나는 그런 생각이 강하게 들었다.

깊은 숲속 호숫가. 물의 정령 루살카가 시무룩한 얼굴로 앉아 있다. 그녀의 아버지이자 물의 지배자인 보드닉이 왜 그리 표정이 어둡냐고 묻자 루살카는 어떤 왕자를 사랑하게 되어 인간이 되고 싶다고 고백한다. 보드닉은 깜짝 놀라 인간은 죄로 가득한 존재이기에 절대 허락할 수 없다고 하면서도, 정 그렇다면 마녀 제지바바와 상의해보라고 한다. 제지바바는 그녀가 인간이 되게 해줄 수는 있으나 대신 즉시 목소리를 잃게 될 것이며, 만약 왕자의 사랑을 얻지 못하면 왕자는 저주에 걸려 죽게 될 것이라고 경고한다. 루살카는 이를 받아들인다.

왕자는 인간이 되어 처연하게 아름다운 모습으로 물가에 앉아 있는 그녀를 보고 첫눈에 사랑에 빠진다. 그리하여 루살카를 성으로 데리고 와 그녀와의 결혼을 준비한다. 하지만 인간 세상에 적응하지 못하고 말도 없는 그녀에 대한 그의 사랑은 점점 식어간다. 마침 이웃 나라 공주가 찾아와 왕자를 유혹하고, 왕자는 그만 그녀에게 사랑을 고백하고 만다. 이를 엿듣고 절망한 루살카는 호수로 돌아와 아버지 보드닉에게 도움을 요청하지만 이미 엎질러진 물. 제지바바는 그녀가 예전으로 돌아가려면 왕자를 칼로 죽여야 한다고 알려준다. 하지만 왕자에 대한 사랑에 차마 그럴 수 없었던 루살카는 칼을 호수에 던지고 물속으로 사라진다. 왕자는 뒤늦게 루살카를 배신한 것을 뉘우치고 호숫가로 달려와 용서를 구하지만, 루살카는 이미 늦었다며 그는 곧 저주로 죽게 될 것이라고 알려준다. 왕자는 마지막으로 루살카의 키스를 받으며 죽고 싶다고 말하고, 바람대로 그녀의 품에 안겨 죽음을 맞는다. 모든 것이 헛되다는 보드닉의 외침과 함께 루살카는 불쌍한 왕자의 영혼을 구원해달라고 간절히 기도하며 물속으로 사라진다.

《루살카》의 음악은 아름답다. 드보르자크 특유의 귀에 쏙쏙 들어오는 강한 선율이 극 전반을 거침없이 아우른다. 특히 루살카를 둘러싼 숲과 호숫가, 정령들을 묘사하는 부분은 마술 속 세상을 표현하듯 감미롭다. 반면 왕자가 머무는 성, 이웃 나라 공주 등 인간 세상을 표현하는 부분은 부자연스럽고 요란한 느낌을 주어 대비를 이룬다. 마지막 왕자가 죽는 신의 루살카와 왕자의 듀엣도 동시에 노래하는 조화로운 이중창이 아니라 각자 노래하는 엇갈리는 이중창으로, 죽음과 이별이라는 비극적 결말을 암시한다.

아리아로는 1막 초반부에 루살카가 달에게 사랑하는 왕자를 찾아서 내 사랑을 대신 전해달라고 부탁하며 부르는 〈달에게 바치는 노래〉

가 단연 압권이며, 제지바바의 유머러스한 솔로, 2막에서 하인들이 부르는 체코 민속 노래 등이 유명하다. 다만 이 오페라는 하이라이트 송 〈달에게 바치는 노래〉가 너무 초반부에 나오는 데다 2막부터 주인공 루살카가 목소리를 잃기 때문에 초반 이후 집중력이 급격하게 떨어지는 단점이 있다. (노래하지 않는 오페라 여주인공이라니!) 대신 그만큼 극의 마지막에 루살카가 목소리를 되찾았을 때 그녀의 노래가 더 강렬하게 다가오는 효과는 있다.

《루살카》는 체코 출신 위대한 작곡가 안토닌 드보르자크의 열 개 오페라 중 가장 유명하고 가장 널리 공연되는 오페라다. 드보르자크는 9번 〈신세계 Z noveo svea〉를 비롯한 아홉 개의 교향곡, 첼로 협주곡, 현악 4중주(12번 〈아메리카 The American〉), 피아노 3중주(4번 〈둠키 Dumky〉), 슬라브 광시곡 등 관현악의 대가로 잘 알려졌지만, 오페라에도 관심이 많았다. 관현악의 대가여서인지 오페라 음악에도 서정적인 멜로디의 오케스트라 파트가 많아, 듣기 매우 편안하다.

민족음악이 대세였던 당시 체코의 음악평론가들은 미국에서 작은 성공을 거두고 귀국한 드보르자크에게 별 관심을 두지 않았다고 한다. 드보르자크는 민족음악을 작곡하고픈 열망에 국민에 어필하기 더 쉬운 장르인 오페라 음악을 만들고 싶어 했는데, 마침《루살카》의 작곡가를 찾던 극작가 크바필(Jaroslav Kvapil, 1868~1950)과 극적으로 연결된다. 드보르자크는 크게 기뻐하며 대본을 받은 1900년 3월로부터 불과 3개월 만에 1막을 완성하고 전광석화같이 그해 11월 27일에 최종 마무리했다. 《루살카》는 1901년 3월 31일 프라하 국립 극장에서 초연되었다.

바그너의 영향을 크게 받아 극 전반에 유도동기(Leitmotiv)[*]가 반복된다. 예를 들어 극 초반부에 마녀 제지바바의 낮고 어두운 오케스트라 동기와 루살카의 호소력 있는 목관 및 현악 동기가 대조를 이루며 반복되는 것이 그렇다. 숲의 세 정령이 등장하는 것도 바그너 《니벨룽의 반지》에서 라인강의 세 요정이 등장하는 장면과 유사하고, 물의 지배자 보드닉도 바그너의 알베리히와 유사하다.

한편 극에서 대조를 이루는 아름다운 요정들의 숲과 요란스러운 왕자의 성은 체코와 당시 지배국 오스트리아를 비유한 것이라는 해석이 있어 《루살카》가 민족주의적 오페라라는 증거가 되어주기도 한다. 이런 해석은 목소리를 잃은 루살카가 결국 목소리를 되찾는 마지막 장면이 체코의 독립과 번영을 의미한다는 주장으로 이어진다.

---

[*] 악극·표제 음악 따위에서, 주요 인물이나 사물 또는 특정한 감정 등을 상징하는 동기. 곡 중에서 반복하여 사용함으로써 극의 진행을 암시하고 통일감을 줄 수 있다.

타이틀 롤 루살카 역은 소프라노 크리스틴 오폴라이스(Kristine Opolais)가 열연하였는데, 호소력 짙은 음색과 리드미컬한 창법, 아름다운 외모 모두 압도적이었다. 루살카는 거의 모든 소프라노의 로망이고 각 배우마다 특색이 있지만 가장 원본에 가까운 이미지는 아마도 오폴라이스가 아닐까 생각한다.

제지바바 역은 메조소프라노 제이미 바턴(Jamie Barton)이 맡아 어두운 마녀의 이미지를 잘 살렸다. 테너 브랜든 조바노비치(Brandon Jovanovich)는 사랑스러우나 우유부단한 비운의 왕자 역을 무난히 소화하였으나 그리 깊은 인상을 주지는 못하였다. 반면 이웃 나라 공주 역을 맡은 소프라노 카타리나 데이먼(Katarina Dayman)이 번잡스럽고 얄밉지만 거부할 수 없는 매력을 가진 캐릭터를 매혹적으로 표현했다.

관람 노트
관람 일시: 2017년 3월 2일 (19:30~23:15)
지휘: Mark Elder
감독: Mary Zimmerman
프로그램 노트: Gavin Plumley

추천 음반
지휘: Zdenek CHALABALA
출연: Rusalka: Milada Subrtova | Prince: Ivo Zidek | Vodnik: Eduard Haken
오케스트라: Milan Maly Orchestra Narodniho Divadla, 1974.
녹음: Supraphon(LP)

피델리오[*]

가만히 보면《피가로의 결혼》《세비야의 이발사》등 일부 코믹한 경우를 제외하면 오페라는 비극적 결말로 끝나는 경우가 대부분이다. 오페라가 최초로 복합예술의 성격을 띠었던 그리스 비극에서 비롯된 탓이리라.[**] 그래서인지 오페라를 보고 나오면 기분이 그리 산뜻하지

---

[*] 또는 레오노레(Leonore).
[**] 이는 거의 정설로 통한다.

않을 때가 많다. 수 시간 동안 비극적인 상황에 몰입하다 극장을 나서면 별일 없는 일상이 고맙기까지 한다.

공포나 비극이 무의식에 카타르시스를 주어 정신건강에 좋다고도 하지만 계속 비극적인 결말을 접하다 보면 과연 그럴까, 하는 의문이 든다. 하지만 코믹 오페라를 제외하고 보았을 때 거의 유일하게 결말이 뿌듯한 오페라가 하나 있는데, 바로 《피델리오 Fidelio》다. 《피델리오》는 베토벤의 유일한 오페라라는 사실만으로도 가히 걸작이라 할 수 있다. 베토벤, 더 이상 무슨 말이 필요하겠는가! 극장을 나서면서 느끼는 가슴 뿌듯함은 마치 그의 심포니 9번을 들을 때와 같다. 고난 끝에 얻은 승리의 환희, 구원의 느낌이 이와 비슷할까?

흔히 《피델리오》는 오케스트라가 부족한 성악을 커버할 만큼 좋아서 대단한 작품이 되었다는 평이 많다. 하지만 성악이 부족하다기보다는 그만큼 오케스트라 음악이 대단하다고 보아야 옳다. 마치 베토벤 아홉 개 심포니의 여러 부분을 하나로 짜 맞춘 듯한 느낌이랄까. 서곡에서부터 피날레까지가 베토벤 바로 그 자체를 들려준다.

《피델리오》의 드라마가 부족하다는 일부 평가는 드라마의 테마가 다른 오페라와는 크게 다르다는 사실에서 오는 인식의 오류 때문이라고 보는 편이 맞을 것 같다. 바그너처럼 신화적이지도 않고, 모차르트처럼 생활 밀착형으로 사랑·질투·치정 등을 다루지도 않으며, 베르디나 푸치니처럼 과장된 희비극도 아니다. 오페라 《피델리오》는 민중의 영웅과 그를 압박하는 정부, 남편을 구하려는 아내의 절절한 사랑과 용기 등 혁명에 몸 바친 인간의 고뇌와 투쟁, 사랑과 구원 등 인간 승리의 드라마가 압축되어 있다.

'사회 정의'라는 테마가 별로 재미있는 주제가 아니라고 한다면 할 말이 없지만, 테마의 성격 때문에 드라마가 약하다고 평가하는 건 무리가 있다. 하지만 짜임새 있고 아기자기한 모차르트 오페라나, 극의 굴곡이 심한 베르디, 푸치니의 오페라에 익숙한 관객들에게는 극의 흐름이 크고 개개의 장면보다는 전체적인 내용을 중시하는 베토벤의 오페라가 다르게 와닿을 것이라는 점은 인정하지 않을 수 없다.

《피델리오》가 생소하게 느껴지는 또 하나의 이유는 레치타티보(recitative)* 없이 마치 연극처럼 그저 배우들끼리 대화한다는 점이다. 베토벤은 인위적인 느낌이 싫어 오페라에 레치타티보를 쓰지 않았다고 하는데, 과연 그다운 발상이다. 그래서인지 모차르트나 이탈리아 오페라보다는 오히려 후기 바그너 오페라와 느낌이 비슷하다. 그러나 바그너 오페라는 아리아와 레치타티보의 구분만 없어졌다뿐이지 레치타티보 자체는 분명히 존재한다.

---

* 낭독하듯 읊는 대사.

베토벤은 관현악의 대가지만 거의 모든 장르에 걸쳐 걸작을 만든 것으로 유명하다. 오페라 작곡을 위한 테마를 찾던 중 마침 자유주의의 승리를 내용으로 한 프랑스 오페라 《이틀간 Les deux journees》에 끌려 만든 것이 《피델리오》라고 한다.

천재지만 오페라 분야에 경험이 없었던 베토벤은 당시 최고의 오페라 작곡가였던 모차르트의 작품에 관심을 기울였다고 한다. 하지만 코믹하거나 판타지스러운 그의 작품들과 베토벤의 취향은 너무 달랐고, 결국 그만의 스타일대로 《피델리오》를 창작해냈다고 한다. 그러나 여기저기서 모차르트의 영향을 발견할 수 있는데, 남장 여자로서 피델리오라는 가명을 사용하는 레오노레를 남자인 줄 알고 사랑하는 간수의 딸 마르첼리나와 같은 다소 코믹한 부분 등이 그렇다. (베토벤 입장에서는 엄청나게 코믹했을 것이다.)

《피델리오》는 1805년 11월 초연되었지만 나폴레옹이 비엔나를 정복한 무렵이라 관객을 모으지 못해 실패했고, 몇 차례 대본 수정(처음엔 대본이 지금보다 훨씬 길었다.)을 거친 뒤인 1814년 세 번째 공연에서야 대성황을 이룰 수 있었다고 한다.

《피델리오》는 뭐니 뭐니 해도 서곡에서부터 전편에 흐르는 오케스트라 음악이 가장 유명하지만, 이밖에도 많은 코러스와 앙상블이 다 뛰어나다. 1막 〈죄수들의 합창 O welche Lust im freier Luft〉은 마치 심포니

9번의 코러스를 연상케 한다. 가장 유명한 1막의 앙상블 〈얼마나 놀라운 느낌인지!*Mir ist so wunderbar!*〉에서는 네 명이 제각기 다른 노래를 함께 부르는데 보다 보면 나도 모르게 빠져들게 된다. 2막에서 레오노레가 감옥에 갇힌 남편 플로레스탄에게 빵과 와인을 가져다주는 것을 간수 로코가 허락하는 트리오나, 2막에서 플로레스탄이 아내 레오노레와의 행복했던 나날을 회상하며 부르는 아리아도 빼어나다. 코러스나 아리아에서 'Freiheit(자유)'이라는 단어가 자주 반복되는 점도 다른 오페라와는 달리 자유에 대한 갈망을 표현하고자 한 베토벤 오페라만의 독특한 포인트다.

타이틀 롤 레오노레(피델리오) 역에 소프라노 애드리앤 피악존카(Adrianne Pieczonka), 그녀의 남편 플로레스탄 역에 테너 클라우스 플로리안 보그트(Klaus Florian Vogt), 간수 로코 역에 베이스-바리톤 포크 스트럭맨(Falk Struckmann), 그녀의 딸 마르첼리나 역에 소프라노 한나-엘리자벳 뮐러(Hanna-Elisabeth Muller) 등 독일 가수들이 많이 캐스팅되었다.

등장인물들의 개성보다는 전체적인 흐름을 중시하는 극의 특성상 가수들의 개별적인 역량보다는 몇몇 주요 인물들의 앙상블이나 전체적인 코러스가 두드러진다는 느낌을 받았다. 한 가지 아쉬운 점은 처음부터 끝까지 남장으로 등장한 레오노레의 여성도, 남성도 아닌 중성적인 이미지가 너무 평범했다는 점이다. 너무 중성적인 이미지를 강조하기보다는 남편에 대한 사랑으로 모든 위험을 무릅쓸 만큼 용기 있으면서도 여성적인 매력을 가진 이미지를 더 살렸으면 어땠을까 하는 생각이 들었다.

관람 노트

관람 일시: 2017년 3월 16일 (19:30~10:05)
지휘: Sebastian Weigle
감독: Jurgen Flimm
프로그램 노트: Jan Swafford

추천 음반

지휘: Herbert BLOMSTEDT
출연: Fernando: Hermann Christian Polster | Pizarro: Theo Adam | Florestan: Richard Cassilly | Leonore: Edda Moser | Rocco: Karl Ridderbusch | Marzelline: Helen Donath
오케스트라: Staatskapelle Dresden, 1977.
녹음: EMI(LP)

로미오와 줄리엣

셰익스피어의 걸작 〈로미오와 줄리엣〉은 19세기에 오페라로도 만들어졌다. 지금도 널리 공연되는 프랑스 오페라《파우스트Faust》의 작곡가 샤를 구노(Charles Gounod, 1818~1893)는《파우스트》성공 8년 후인 1867년 희대의 로맨틱 비극《로미오와 줄리엣Romeo et Juliette》으로 다시 한번 엄청난 성공을 거둔다. 파리 초연 이후 곧 런던, 벨기에, 독일 등지로 순식간에 무대를 넓혀나갔으며, 당시 파리의 온 여인들이 줄리엣의 멜로디를 흥얼거리고 많은 프랑스 작곡가들이 구노의 시적이고 드라마틱한 작곡 스타일을 흉내냈을 만큼 큰 성공을 거두었다고 한다.

구노는 타고난 로맨티스트 성향으로 평생 부인을 애먹였다고 하는데, 이 때문인지 그의 대표작 《파우스트》와 《로미오와 줄리엣》의 로맨스 라인이 모두 환상적이라는 평가가 많다. 오페라 대본이 셰익스피어 원작과 다른 점은 마지막 신에서 줄리엣이 깨어난 후에도 로미오가 살아남아(원작은 줄리엣이 깨어나기 전에 로미오가 죽는다.) 줄리엣과 사랑의 듀엣을 아주 오랫동안 부른다는 점이다. 원작이 워낙 아름답게 쓰인 탓에 이 부분 말고는 각색이 거의 필요하지 않았다고 한다.

보통 프랑스 오페라는 음악이나 노래보다는 무대효과를 강조하고, 대규모 합창이나 발레 파트를 꼭 끼워넣는 등 당시 주류를 이루었던 이탈리아, 독일 오페라와는 큰 차이가 있었다. 그러나 《로미오와 줄리엣》은 1막의 대형 코러스와 캐플릿가의 화려한 연회 장면, 3막 마지막 부분의 합창 등 프랑스 오페라의 특성을 그대로 지니면서도 두 남녀 주인공이 부르는 네 편의 사랑의 듀엣, 즉 두 주인공 간 교감에 극의 중점을 두었다는 점에서 전통적인 프랑스 오페라와 차이가 있다.

로미오와 줄리엣, 두 사람 간의 열정적인 사랑의 교감은 막에 따라 다른 형태로 표현되었다. 1막 캐플릿가 연회에서의 첫 만남 신이 서로 간의 강한 끌림을 고전 실내악을 배경으로 한 은유적 대사 위주로 은 은하게 표현했다면, 2막 발코니 신에선 먼저 각자의 사랑을 고백하고 나중에 함께 사랑을 노래하는 이중창이 자연스럽고 솔직 담백한 형태로 연출되었다. 4막 결혼식 밤 신에서는 각자의 사랑의 멜로디가 동시에 결합하는 부분이 보다 농익은 느낌으로 표현되었으며, 5막 마지막 듀엣 신에서는 짧지만 황홀했던 사랑의 순간들을 떠올리며 죽음 앞에 무릎 꿇을 수밖에 없는 현실을 비탄하는 두 사람의 애절한 절규가 가슴을 후벼 파는 안타까움으로 다가왔다.

타이틀 롤 로미오 역은 테너 스티븐 코스텔로(Stephen Costello)가 맡았는데, 먼저 로미오 역에 걸맞는 잘생긴 외모가 관객들의 시선을 사로잡았고, 높고 맑은 테너 음색이 여린 듯하면서도 열정적인 로미오를 원작 속 모습 그대로 표현했다. 여주인공 줄리엣은 메트로폴리탄 오페라의 간판급 소프라노 프리티 옌데(Pretty Yende)가 열연하였다. 흑인 줄리엣을 처음 보아서인지 처음엔 약간 어색했지만 극 후반으로 갈수록 기교 높은 콜로라투라*와 드라마틱한 소프라노를 모두 완벽하게 소화해내는 그녀의 폭넓은 음역과 연기력에 갈채를 보내지 않을 수 없었다. 극에서 꽤 비중 있는 역인 머큐시오는 바리톤 왕연평이 다소 경솔한 캐릭터를 무리 없이 표현했으며, 베이스 매튜 로즈(Matthew

---

* '색채가 있는'이라는 뜻으로, 성악곡 특히 오페라에서 기교적으로 장식된 선율을 이르는 말.

Rose)가 두 사람의 영혼을 맺어주는 사랑의 중재자 로랑 수사 역을 육중한 저음으로 무게감 있게 소화했다.

관람 노트
관람 일시: 2017년 3월 18일 (13:00~16:00)
지휘: Emmanuel Villaume
감독: Bartlett Sher
프로그램 노트: Janet E. Bedell

추천 음반
지휘: Alain LOMBARD
출연 Romeo: Franco Corelli | Juliette: Mirella Freni | Frere Laurent: Xavier Depraz | Mercutio: Henri Gui | Stephano: Eliane Lublin
오케스트라: Orchestra et Chorus du Théâtre National de l'Opera de Paris, 1969, remastering 1994.
녹음: EMI(CD)

아이다

《아이다》는 가히 오페라의 백미(白眉)라 할 수 있을 만큼 비주얼과 오디오 모든 것이 완벽하다. 처음 오페라를 접하는 사람도 단숨에 빠져들 만큼 숨 가쁘게 극적인 스토리 전개, 웅장하고 실험적인 무대장치, 사랑을 위해 명예를 내던지는 낭만적인 테마, 극히 남성적이면서도 극히 여성적인 절묘한 하모니, 보컬과 관현악 어느 쪽에도 치우치지 않는 균형감 등 모든 면에서 완벽하다. 1871년 카이로 초연 이후 지금까지 《아이다》를 거쳐 간 거의 모든 관객과 평론가들이 이구동성으로 찬사를 아끼지 않으며, 예나 지금이나 전 세계에서 거의 항상 공연되고 있다. 가히 오페라의 대명사라 할 만하다.

《아이다》는 잘 알려진 대로 19세기 수에즈 운하 개통을 축하하는 행사에서 공연할 특별한 오페라를 만들어달라는 이집트 총독의 요청을 베르디가 수락하면서 만들어졌다. 베르디는 처음엔 총독의 요청을 거절하였다고 한다. 그러나 새로 개관하는 오페라극장을 평생 쓸 수 있게 해주겠다는 파격적인 제안과 자기가 거절할 경우 당시 경쟁자로 인식하였던 바그너에게 공이 넘어갈지 모른다는 염려가 작용하면서 결국에는 수락했다고 한다. 베르디는 요청을 수락하는 조건으로 그의 전작이었던 《돈 카를로Don Carlo》의 네 배나 되는 높은 수임료를 요구했다는데, 결국 관철시킨다.

사실 이집트 총독의 요청이 있기 전 그의 친구 카미유 뒤 로클(Camille du Locle, 1832~1903)이 이집트를 여행하며 감흥을 받아 쓴 대본에 곡을 만들어달라고 부탁해왔다고 한다. 베르디로서는 로클의 대본을 그대로 이용하면 되겠다고 생각할 수 있었다. 이런 여러 가지 여건이 수락의 배경이 되었다고 한다.

대본은 로클의 프랑스어 버전을 안토니오 기슬란초니(Antonio Ghislanzoni, 1824~1893)가 이탈리아어 버전으로 다시 만들었다고 하는데, 1871년 카이로 초연 당시 이 웅장한 오페라에 관객들은 열광했지만 평론가들은 비판적이었다고 한다. 전통 이탈리아 오페라와 당시 파격적이라 여겨졌던 바그네리안(Wagnerian) 오페라가 짬뽕이 되어 이도 저도 아닌 것 같다는 게 그 이유였다. 하지만 곧 《아이다》가 보컬 위주인 이탈리아 오페라의 범주를 넘어 보컬과 관현악이 하나가 되는 바그네리안의 영역까지 훌륭하게 소화하였다는 쪽으로 재평가되면서 비판은 오히려 찬사로 바뀌게 된다. 또한 《아이다》의 관현악이 기존의 이탈리아 오페라에 주로 쓰였던 소편성에서 벗어나 보다 많은 악기를 아우르는 대편성으로 확장되어 '오케스트라다운 오케스트라'를 들려주고 있다는 찬사가 대세를 이루게 된다.

음악은 너무나도 유명한 2막 〈승리의 행진Marcia Trionfale〉과 1막, 2막의 애국적 합창 파트가 주는 웅장함만으로도 관객을 압도하기 충분하다. 1막에서 라다메스 장군이 부르는 〈청아한 아이다Celeste Aida〉, 뒤이어 아이다가 부르는 〈이기고 돌아오라!Ritorna vincitor!〉, 3막에서 아이다가 부르는 〈오 나의 조국이여O patria mia〉 등 곳곳에 흐르는 아름다운 아리아들이 숨 쉴 틈 없이 다가오는데 황홀할 정도다. 무엇보다 인상적이었던 건 국가의 명예와 사랑 사이에서 갈등하는 주인공들의 심연을 표현한 코러스 대 솔로곡들(1막 라다메스의 사원 신, 2막 아이다가 승리를 축하하는 신, 4막 암네리스의 재판 신)이었는데, 아름다운 앙상블이 관객의 마음을 쥐었다 놓았다 마구 흔들며 벅찬 감동을 주기에 충분했다.

배역은 타이틀 롤 아이다 역에 소프라노 크라시미라 스토야노바(Krassimira Stoyanova), 라다메스 장군 역에 테너 호르헤 데 레온(Jorge de Leon), 파라오의 딸 암네리스 공주 역에 메조소프라노 비올레타 우르마나(Violeta Urmana)가 캐스팅되었다. 사실 오페라 《아이다》는 어느 가수가 캐스팅되더라도 웬만하면 다 빛을 발할 수 있다는 점이 특징이다.

우르마나가 부르는 메조소프라노의 깊은 울림은 라다메스를 사랑하면서도 미워하고, 아이다를 질투하면서도 동정하는 암네리스의 복잡한 마음을 복선을 두고 잘 표현하여 특히 인상적이었다. 레온은 사랑하는 아이다를 얻기 위해 기필코 승리를 가져오겠다는 라다메스 장군의 깨끗하고 드높은 기상을 매우 청아하게 표현하였다. 스토야노바는 눈에 띄는 카리스마는 없었지만 정결하고 기개 높은 주인공 아이다를 그야말로 아이다답게 소화하였다.

관람 노트
관람 일시: 2017년 3월 23일 (19:30~23:15)
지휘: Daniele Rustioni
감독: Sonja Frisell
프로그램 노트: Susan Youens

추천 음반
지휘: Zubin MEHTA
출연: Aida: Brigit Nilsson | Radames: Franco Corelli | Amneris: Grace Bumbry | Amonasro: Mario Sereni
오케스트라: Orchestra and Chorus of the Opera House, ROME, 1951.
녹음: Angel(LP)

예브게니 오네긴

　오페라 《예브게니 오네긴Evgeny Onegin》을 보고 난 후에야 '가장 시적인 오페라'라는 세간의 평이 과연 옳다고 생각했다. 러시아의 대문호 알렉산드르 푸시킨(Alexander Pushkin, 1799~1837)의 서사시를 원작으로 한 이 작품은 대단히 극적인 스토리와 시적인 대사로 충만하여 보는 이로 하여금 내내 재미와 카타르시스를 동시에 느끼게 하는 매력이 있다.
　극을 보면서 계속 다음 장면이 궁금해지는 오페라는 많지 않은데

《예브게니 오네긴》이 바로 그런 오페라였다. 러시아에서는 최고의 인기를 누린다고 하지만 우리에게는 그다지 친숙하지 않아 솔직히 기대가 크지 않았는데 한마디로 '아주 재미있는' 오페라였다. 동성애자로서 평생 이성 간의 사랑을 경험해보지 못했을 차이콥스키(Pyotr Ilyich Tchaikovsky, 1840~1893)가 이토록 이성애의 열정으로 가득한 오페라를 작곡했다는 사실이 센세이셔널하다. 《예브게니 오네긴》은 그가 남긴 유일한 오페라라는 사실만으로도 몹시 소중한 작품이다.

《백조의 호수 *Le lac des cygnes*》의 모스크바 초연 실패(이 발레극은 차이콥스키가 죽은 뒤에야 히트를 친다.) 이후 차이콥스키는 실의에 빠져 있었다. 그러던 어느 날 식당에서 혼자 저녁을 먹다 갑자기 푸시킨의 시 「오네긴 *Onegin*」을 떠올리고 영감을 받아 밤새 책을 읽은 후 작곡에 돌입했다고 한다. 오페라 《예브게니 오네긴》은 그렇게 완성되었다.

사실 극의 내용은 어찌 보면 단순하기 그지없다. 1막에서는 타티아나의 순수한 고백이 한량인 오네긴에게 비참하게 짓밟히고, 2막에서는 타티아나의 동생 올가의 애인인 렌스키가 질투심에 휩싸여 돌발적으로 오네긴에게 결투를 신청했다가 패하여 죽는다. 3막은 오네긴이 공작 부인으로 화려하게 돌아온 타티아나에게 뒤늦게 사랑을 느끼지만, 타티아나는 오네긴을 무참히 차버리고 떠난다는 내용이다. 한마디로 통쾌한 복수극이다.

극 중 음악과 내용이 서로 평행을 이루는 장면이 여러 번 등장하는데, 1막에서 타티아나가 오네긴에게 사랑을 고백하는 편지를 쓰며 부르는 아리아와 2막에서 렌스키가 연인 올가에게 작별을 고하며 부르는 아리아가 평행을 이루며, 1막에서 타티아나가 오네긴에게 무참히 차일 때의 배경음악과 3막에서 오네긴이 타티아나로부터 처절하게 버림받을 때의 배경음악이 서로 평행을 이룬다. 극의 전반에 나오는 차이콥스키 특유의 러시아풍 댄스가 극의 시적인 긴장감을 때에 따라 고조하거나 완화하며 전체적인 리듬을 이끌어간다.

주인공 타티아나 역에 소프라노 안나 네트렙코(Anna Netrebko), 오네긴 역에 바리톤 페테르 마테이(Peter Mattei), 렌스키 역에 테너 알렉세이 돌고프(Alexey Dolgov), 올가 역에 메조소프라노 엘레나 막시모바(Elena Maximova)가 캐스팅되었다. 러시아계 중심의 호화 캐스팅이었고, 안나 네트렙코의 대중적인 인기 때문인지 빈자리가 없을 정도로 성황을 이루었다.

네트렙코의 공연은 처음 보았는데 약간 어두운 음색이 특유의 폭넓고 힘 있는 발성과 어우러져 상당히 카리스마 있는 소프라노였다. 기교적인 면에서는 벨칸토 창법이 요구되는 로시니나 벨리니의 오페라에는 다소 약하다는 평가가 많으나, 러시아 출신 네트렙코에게 정통 러시아 오페라 《예브게니 오네긴》의 타티아나는 더할 나위 없는 적역이었다.

  페테르 마테이는 부드럽고 힘 있는 음색에서 카리스마가 절로 느껴졌지만 거친 오네긴을 표현하기에는 너무 점잖은 게 아닌가 싶을 정도로 젠틀한 바리톤이었다. 알렉세이 돌고프는 가볍고 경솔하며 여린 렌스키 역에 적임이라 할 만큼 가녀린 테너였는데 2막에서 부르는 아리아 〈내 젊은 날은 어디로 갔는가 Kuda Kuda vy udalilis〉는 첫 부분을 듣자마자 알 수 있을 만큼 친숙한 곡이었다.

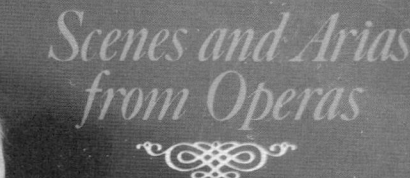

관람 노트
관람 일시: 2017년 4월 12일 (19:30~23:10)
지휘: Robin Ticciati
감독: Deborah Warner
프로그램 노트: Gavin Plumley

추천 음반
지휘: Vladimir DELMAN
출연 Onegin: Georg Ots | Tatiana: Galina Vishnevskaya
오케스트라: The State TV and Radio Orchestra, 1961.
녹음: МеΛОΔИЯ(러시아, CD)

장미의 기사

리하르트 슈트라우스(Richard Strauss, 1864~1949)의 가장 대중적인 오페라《장미의 기사》는 기대치를 훨씬 뛰어넘는 볼거리와 줄거리, 음악이 있는 오페라였다. 그가 평소 흠모한 모차르트의《피가로의 결혼》에 대한 오마주로 만들었다는 이야기가 실감 날 정도로 재미있으면서 슈트라우스만의 개성이 넘치고, 가벼우면서도 인생의 깊은 철학이 녹아 있는 매우 독특한 작품이었다.

특히 전편에 걸쳐 때로는 과격하게, 때로는 우아하게 변조되어 계속 반복되는 베이스 옥스의 왈츠는 조금 과장하면 소름이 돋을 만큼 좋았다. 왈츠가 이렇게 좋을 수도 있나 싶을 만큼 압도적으로 아름다운데, 선율도 선율이려니와 베이스의 굵은 저음으로 발성될 때의 깊은 음색과 톤이 더 좋다. 그 유명한 3막 피날레의 트리오는 세 명의 여주인공이 함께 부르는 여성 삼중창으로 여성의 목소리가 만들어낼 수 있는 최고의 선율을 들려준다.

악보의 천재 슈트라우스의 작품들은 관현악이 표현할 수 있는 극대치를 보여주는 것으로 유명하다.《장미의 기사》에서도 1막 마르셸린의 주의를 끌려는 여러 캐릭터들 간의 다툼, 2막 하인들의 움직임, 3막 아이들의 함성 파트는 관현악단들이 연주를 꺼릴 만큼 어려운 것으로 알려져 있다.

슈트라우스는 리하르트 바그너(Wilhelm Richard Wagner, 1813~1883),

안톤 브루크너(Joseph Anton Bruckner, 1824~1896)의 끝자락, 구스타프 말러(Gustav Mahler, 1860~1911)와 동시대를 살았던 인물로, 그 시대 대부분의 음악가가 그랬듯 바그너의 완전히 새롭고 창조적인 음악에 큰 영향을 받았다. 하지만 자기만의 개성으로 바그너의 영향을 훌쩍 뛰어넘은 천재로 알려져 있다. 생전에도 대중에 크게 인기를 얻었기 때문에 당시 인기가 별로 없었던 말러가 죽을 때까지 부러워했다고 한다.

첫 오페라 《살로메*Salome*》(1905), 센세이셔널한 스토리와 음악으로 세간의 화제를 모았던 두 번째 오페라 《엘렉트라*Elektra*》(1909)가 큰 성공을 거두면서 거장의 반열에 올랐다. 그는 《엘렉트라》 이후 극작가 후고 폰 호프만스탈(Hugo von Hofmannsthal, 1874~1929)과 평생 호흡을 맞추었는데, 호프만스탈이 추상적인 작가라면 슈트라우스는 현실적이고 직선적인 취향의 작곡가로 둘의 호흡이 환상적이었다고 한다.

《장미의 기사》는 1911년 독일 드레스덴의 오페라하우스에서 초연되었는데, 그 해에만 50회가 공연되고 베를린과 드레스덴 간 특별열차를 운행할 정도로 대성공을 거두었다. 1740년대 마리아 테레지아 여왕 시절의 오스트리아를 배경으로, 당시 귀족들이 약혼자에게 은으로 만든 장미를 정표로 선물했던 관습을 소재로 하고 있지만 픽션이다. 오페라에서 주요 음악으로 쓰이는 비엔나 왈츠도 그 당시에는 없던 음악이라는 점이 이 사실을 뒷받침한다.

1막 끝부분에서 마르셸린이 젊은 애인 옥타비안에게 나중에 더 젊은 연인을 만나 진정한 사랑을 하게 될 거라고 예고하는 장면부터 마르셸린의 대사를 통해 인생의 '무상감'이 자주 토로된다. 특히 옥타비안이 새 연인 소피와 사랑을 나누는 것을 목격하고 행복을 빌며 사라져가는 피날레의 대사 "젊은 사람들이란 그런 거야."에서 느껴지는 인생 무상감은 오페라 전체의 코믹한 느낌과 대조를 이루면서 묘한 여운을 남긴다.

배역은 공작 부인 마르셸린 역에 소프라노 르네 플레밍(Renee Fleming)이, 공작 부인의 젊은 연인 옥타비안 역에 메조소프라노 엘리나 가랑차(Elina Garanca)가 남장 여배우로 캐스팅되었다. 공작 부인의 친척 동생뻘쯤 되는 옥스 역에는 베이스 귄터 그로이스뵈크(Gunther Groissbock)가 캐스팅되었는데, 플레밍과 가랑차가 동시 캐스팅된 것만으로도 세간의 관심을 불러일으킨 공연이었다.

대부분의 오페라가 소프라노를 여주인공으로 하고 메조소프라노를 조연으로 하는 데 비해 이 오페라의 여주인공은 메조소프라노 옥타비안이라는 점이 특이하다. 마르셸린은 2막엔 아예 나오지도 않을 정도로 존재감이 약한 반면 옥타비안과 옥스는 전 막에 걸쳐 종횡무진한다. 커튼콜 때도 마지막에 등장한 사람은 마르셸린 역의 플레밍이 아니라 옥타비안 역을 맡은 가랑차였다.

워낙 세계적인 가수들이라 이미 많은 평가가 이루어져 있지만, 개인적으로 가랑차는 소프라노에 어울릴 듯한 여린 몸에서 나오는 음색이 어둡고 두툼한 알토라는 데서 한 번 놀라고, 통통 튀는 듯 살아있는 연기력에서 두 번 놀라는 매우 매력적인 가수였다. 여리고 여성적인 외모 때문에 소프라노를 여주인공으로 하는 다른 오페라에서도 소프라노보다 더 주목받을 것 같았다. 이런 외모상 매력은 조연을 주로 소화해야 하는 메조소프라노로서는 오히려 단점이 될 수도 있을 것 같다. 음력이 아주 위압적이지는 못하여 소프라노와의 이중창에서 뚜렷하게 구분되지 않는 듯한 느낌이 다소 아쉬웠다.

세간의 평가처럼 플레밍은 결코 과하지 않으면서 자연스럽게 노래하는 데 있어 가히 최고 수준이었다. 너무 자연스럽다 보니 자칫 발성이 밋밋하게 들릴 수 있다는 건 단점이 될 수도 있을 것 같다. 이런 점에서 마르셸린 역은 그녀가 맡을 수 있는 최고의 배역 중 하나라는 생각이 들었다. 하지만 소프라노를 여주인공으로 하는 대부분의 오페라에선 카리스마가 다소 부족하다는 평가를 받을 수 있겠다는 우려가 드는 것 또한 사실이다.

그로이스뵈크는 베이스지만 마치 바리톤 같은 날렵함이 느껴지는 저음을 가지고 있어 멍청하고 자유분방하고 소심한 옥스 역을 소화하는 데 안성맞춤인 가수였다.

I GIOIELLI DELLA LIRICA 45

Richard Strauss

Il cavaliere della rosa
Pagine scelte

Maria Reining
Helge Roswänge
Hilde Güden

Orchestra Filarmonica di Vienna
Coro dell'Opera di Stato di Vienna

George Szell

Registrazione dal vivo

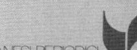

LONGANESI PERIODICI

관람 노트
관람 일시: 2017년 4월 21일 (19:00~23:20)
지휘: Sebastian Weigle
감독: Robert Carsen
프로그램 노트: Paul Thomason

추천 음반
지휘: George SZELL
출연: Marescialla: Maria Reining | Ochs: Jaro Prohaska | Ottavio: Jarmila Novotna | Sofia: Hilde Guden
오케스트라: Orchestra Filamonica di Vienna, 1975.
녹음: Longanesi Periodici(LP)

리골레토

    오페라 원작을 현대극으로 재해석한 메트로폴리탄 오페라 가운데 유명한 작품으로 베르디의 《라 트라비아타》와 《리골레토》가 있다. 현대판 《리골레토》는 빅토르 위고(Victor Hugo, 1802~1885)의 희곡 《왕은 즐긴다 Le Roi's amuse》를 모태로, 배경을 원작의 16세기 프랑스(또는 이탈리아)에서 1960년대 라스베이거스로 옮겨 이야기를 풀어나간다.

    원작은 프랑스 왕 프랑수아 1세와 그의 어릿광대 트리불레의 이야기를 다룬다. 난잡한 왕에게 자신의 딸이 겁탈당하자 트리불레는 복수를 위해 왕을 죽이려는 계획을 세우고 실행에 옮긴다. 하지만 도리어 자신의 딸을 잃고 만다는 비극적인 이야기다. 베르디는 당시 파격적이었던 왕 시해 스토리가 검열을 통과하지 못할 것을 예상하고 내용을 이탈리아 귀족 이야기로 살짝 바꾸어 오페라로 완성하였다고 한다. 주인공 공작은 프랑스 왕 대신 실제 인물 빈첸초 1세 곤차가(Vincenzo Gonzaga, 1562~1612)에서 모티프를 따왔다고 알려져 있다.

리골레토는 곱사등이 어릿광대로 선과 악의 경계를 드나들며 평생을 '아웃사이더'로 산 인물로 묘사된다. 그의 딸 질다는 청순한 선(善) 그 자체를 표현하며, 극의 주된 테마는 리골레토가 내면의 악에 이끌려 잠깐 다른 사람을 저주(조롱)했던 것이 그에게로 되돌아와 불행해진다는 '저주의 악순환'이다. 극은 복잡하고 극적이며 약간은 기괴하고 어두운 결말로 이어지는데 한마디로 매우 컬트적이다. 반면 3막에서 공작이 부르는 유명한 아리아 〈여자의 마음 La donna e mobile〉 같은 음악은 너무 발랄하여 극의 무겁고 어두운 분위기와 묘한 대조를 이룬다.

《리골레토》는 이밖에도 특히 많은 유명 아리아를 탄생시킨, 음악적 성취도가 높은 오페라로 유명하다. 공작의 〈이 여자도 저 여자도 Questa o quella〉, 리골레토의 〈우린 한통속이야! Pari siamo!〉 〈가신들, 이 천벌을 받을 놈들아 Cortigiani, vil razza dannata〉, 질다의 〈사랑스러운 그 이름 Caro nome〉, 리골레토와의 이중창 〈그래서 복수다 Si vendetta〉, 그리고 3막에 나오는 참을성 없는 공작과 실의에 빠진 질다, 부성애 가득한 리골레토, 색정적인 막달레나의 유명한 사중창이 관객들을 시종일관 압도한다.

특히 〈여자의 마음〉은 멜로디가 단순하고 따라 부르기 쉬워서 공연을 본 관객이라면 누구나 흥얼거리게 된다. 이런 흥얼거림이 결국 이탈리아 전역으로 퍼져 초연 후 최단기간 만에 전국적으로 유행한 것으로도 유명하다. 베르디는 초연 당시 테너에게 이 아리아가 사전에 공개되지 않도록 남몰래 연습할 것을 주문하였다고 한다.

《리골레토》는 벨리니, 도니체티, 로시니 등 벨칸토 음악의 전통을 이어받은 베르디 초기 오페라의 끝자락, 선율과 기교에 주로 의존하는 벨칸토의 한계를 넘어 드라마 중심으로 변화하는 중기 오페라의 초반부에 해당하는 작품으로, 《라 트라비아타》《일 트로바토레》와 더불어 가장 대중적인 베르디 오페라 가운데 하나다. 1851년 초연 직후 이탈리아 전역에서 대성공을 거두고 곧 유럽, 뉴욕, 하바나, 우루과이 등지로 뻗어나가 세계적인 대성황을 이루었다고 한다. 이 같은 성공이 뒤이은 《라 트라비아타》와 《일 트로바토레》의 성공에 지대한 영향을 미쳤다는 평이 많다.

감동적인 카타르시스나 영웅적인 캐릭터 등 이렇다 하게 드라마틱한 소재가 있는 건 아니지만, 사회의 어두운 면을 그대로 노출하여 고발하는 스토리로 충격을 던져주는 한편 다양한 캐릭터의 복잡한 심리 변화를 매우 사실적으로 그렸다는 점에서 시대 구분 없이 보편적으로 관객에 어필하는 힘이 있다.

타이틀 롤 리골레토에 바리톤 젤리코 루치치(Zeljko Lucic), 공작 역에 테너 조셉 칼레자(Joseph Calleja), 질다 역에 소프라노 올가 페레티아트코(Olga Peretyatko)가 캐스팅되었다. 극 중 비중이 주인공 리골레토에 버금가는 공작 역의 칼레자는 현대적으로 해석한 작품이라 그런지 가벼운 호색한보다는 카리스마 넘치는 악당의 분위기에 더 가깝게 역을 소화하였다. 질다 역의 페레티아트코는 청순하고 가련한 이미지 표현과 벨칸토 창법의 기교가 상당한 수준급 소프라노였는데, 기교에 비해 카리스마는 좀 약한 편이었다. 바리톤 루치치는 극 내내 리골레토의 슬픔과 악의, 희망과 절망을 변화무쌍하게 잘 표현하였지만, 테너와 소프라노에 의해 가려지기 쉬운 바리톤의 한계를 벗어나기는 쉽지 않아 보였다. 3막 마지막 부분의 유명한 사중창에서는 공작을 감싸는 막달레나의 깊은 울림이 강렬하게 와닿았다.

관람 노트
관람 일시: 2017년 4월 27일 (19:30~22:35)
지휘: Pier Giorgio Morandi
감독: Michael Mayer
프로그램 노트: Jay Goodwin

추천 음반
지휘: Richard BONYNGE
출연: Rigoletto: Sherrill Milnes | Gilda: Joan Sutherland | Duke: Luciano Pavarotti
오케스트라: London Symphony Orchestra, 1974.
녹음: Decca(LP)

돈 조반니

오페라는 작품의 성격에 따라 호불호가 많이 갈리고 '어떤 작곡가의 어떤 오페라가 최고인가?'라는 물음에 대한 답도 제각기 다르지만 누구에게나 사랑받는 오페라를 꼽으라면 아마도 모차르트의 몇몇 걸작을 꼽는 경우가 많을 것 같다. 그중 하나가 최고의 완성도를 갖춘 《피가로의 결혼》이라고 한다면, 다른 하나는 무한한 매력과 심오함으로 가득한 《돈 조반니 Don Giovanni》가 되지 않을까? 《돈 조반니》는 모차르트 자신이 코믹 오페라로 분류하긴 하였지만, 실제 내용은 살인·

강간·사기·폭력 등 범죄극에 가까울 만치 어둡고 심각한 내용을 담고 있어 스릴러나 치정극으로 해석해도 큰 무리가 없다.

《피가로의 결혼》을 만든 극작가 로렌초 다 폰테(Lorenzo Da Ponte, 1749~1838)가 《돈 조반니》의 대본도 같이 썼는데, 《피가로의 결혼》보다 완벽성은 떨어지지만 해석의 가능성은 훨씬 큰 것으로 평가된다. 일부 오페라 평론가들은 《돈 조반니》를 '18세기 오페라의 절정체' '19세기 낭만주의 오페라나 바그너 오페라의 도래를 알리는 전조', 심지어는 '20세기 사이코 드라마의 시조'라고까지 표현한다. 그러니 이 작품의 영역이 얼마나 넓은지를 가늠할 수 없다. 예를 들어 주인공 돈 조반니를 유쾌한 악당 정도로 그릴 수도 있지만 끔찍한 살인 강간범으로 표현할 수도 있다. 돈 조반니를 외사랑하는 돈나 엘비라를 사랑에 속은 비련의 여주인공으로 묘사할 수도 있지만, 평생 그를 따라다니는 스토커 캐릭터로 표현할 수도 있다.

모차르트는 《피가로의 결혼》 초연 당시 열광적인 환호를 받았던 프라하에서의 기억을 떠올리며, 《돈 조반니》도 프라하에서 초연하리라 마음먹고 구상하였다고 한다. 작품 구상부터 완성까지 불과 몇 주밖에 걸리지 않은 '초스피드 작품'으로도 유명한데, 특히 서곡은 공연 전일, 심지어 당일에 가서야 완성되었다는 설도 있다. 돈 조반니가 자신이 살해한 사람의 석상을 비웃고 장난삼아 만찬에 초대하였다가,

끝내 죄를 뉘우치지 않고 죽음에 이른다는 설정은 바람둥이 귀족 돈 후안에 대한 유럽의 오랜 전설에 그 뿌리를 두고 있다.

모차르트의 오페라 음악은 완벽하고 우아하며 매우 세련되기로 정평이 나 있는데, 《돈 조반니》는 극적인 효과까지 더해져서 '우아하면서도 드라마틱한' 오케스트라와 성악으로 가득하다. 극 내내 처음 듣는 사람도 알 만한 명곡들이 거의 쉴 틈 없이 이어진다. 1막에서 조반니가 부르는 유명한 〈샴페인의 노래 Fin ch'han dal vino〉는 아름다운 선율에 그의 성적 욕망을 드러내는 저속한 표현이 절묘하게 어우러져 있다. 1막에서 조반니에게 강간당할 뻔했을 때 마침 등장한 아버지를 조반니의 손에 잃고 마는 돈나 안나의 아리아 〈나의 자존심을 빼앗은 자가 바로 저놈이에요 Or sai chi l'onore〉와 2막의 〈그렇게 말하지 말아주세요 Non mi dir〉에는 강인한 그녀의 절제된 슬픔이 잘 배어 있다.

그녀의 애인 돈 오타비오가 부르는 1막의 〈그녀 마음의 평안을 위하여 Dalla sua pace〉와 2막의 〈내 연인을 위해 Il mio tesoro〉 역시 조반니의 욕정과 대비되는 아름다움이 있다. 조반니의 시종으로 극 전반의 코믹한 분위기를 이끌어가는 레포렐로가 1막에서 부르는 〈카탈로그의 노래 Madamina, il catalogo e questo〉는 가사와 음악이 하나로 녹아버리는 듯 부드러우며, 조반니를 따라다니는 돈나 엘비라가 2막에서 부르는 〈아 신이여 저 배은망덕한 자는 나를 배반하고 Mi tradì quell'alma *ingrata*〉는 좋았다 나빴다 하는 그녀의 변화무쌍한 사랑을 집약적으로 표현해준다.

타이틀 롤 조반니 역에 바리톤 마리우츠 크비치엔(Mariusz Kwiecien), 여주인공 돈나 안나 역에 소프라노 안젤라 미드(Angela Meade), 돈 오타비오 역에 테너 매튜 폴렌자니, 돈나 엘비라 역에 소프라노 마리나 레베카(Marina Rebeka), 체를리나 역에 메조소프라노 이사벨 레너드(Isabel Leonard), 마제토 역에 베이스-바리톤 차정철 등이 캐스팅되었다. 특이하게도 유명 테너 플라시도 도밍고가 오케스트라 지휘를 맡았다.

개인적으로는 조반니 역의 크비치엔이 너무 노래보다 연기에 치중하여 당대의 호색한 조반니를 오페라 성악으로 표현하기에 무게감이 떨어진다는 느낌을 받았다. 안나 역의 미드는 보컬에 카리스마가 넘쳤지만 지나치게 큰 체구가 돈나 안나의 이미지를 흐리게 하는 건 아닌가 싶었는데, 원작의 설정이 그러한 것일 수도 있다.

반면 극의 감초 역할을 하는 체를리나 역의 레너드와 마제토 역 차정철의 완벽한 호흡은 전체적인 극을 살리는 데 큰 힘이 되었다. 이리저리 흔들리는 엘비라 역의 레베카의 소프라노 열창 역시 매우 인상적이었다. 그러나 극의 압권이라 할 수 있는 마지막 심판 장면에서 심판관 역을 맡은 베이스 슈테판 코찬(Stefan Kocan)의 카리스마가 부족했던 점은 크게 아쉬웠다.

  극 전체적으로 너무 단조로운 무대 배경 또한 매우 실망스러웠다. 《돈 조반니》의 스토리 자체가 극의 배경을 뚜렷이 부각하지 않는다고는 하지만, 아파트 건물 세트 몇 개만으로 1막과 2막을 처리한 건 지나치게 단조로운 연출이었다.

관람 노트

관람 일시: 2017년 5월 3일 (19:30~23:00)
지휘: Placido Domingo
감독: Michael Grandage
프로그램 노트: Jay Goodwin

추천 음반

지휘: Karl BOHM
출연: Don Giovanni: Dietrich Fischer-Dieskau | Donna Anna: Birgit Nilsson | Don Ottavio: Peter Schreier | Donna Elvira: Martina Arroyo
오케스트라: Orchestra of the Prague National Theatre, 1967.
녹음: DG(LP)

방황하는 네덜란드인

바그너 오페라를 보면서 느끼는 점 중 하나는 우선 오케스트라가 참 힘들겠다는 것이다. 가극의 통일성을 강조하기 위해 거의 세네 시간을 쉬지 않고 달린다. 게다가 가수들의 노래를 독립적인 것으로 중시하지 않고 전체 가극을 구성하는 악기의 하나로 간주하기 때문에 오케스트라가 처음부터 끝까지 쉬지 않고 연주하며 극을 이끌어가야 한다.

다른 특징은 극이 가수들의 노래 파트(아리아)와 내레이션 파트(레치타티보)를 따로 구분하지 않고 연결하는 방식으로 구성되었기 때문에 중간에 관객들이 박수 칠 일이 거의 없다는 점이다. 성악이 독립적으로 두드러지지 않기 때문에 오페라 가수들의 기교가 특별히 중요하지도 않고, 기교보다는 이야기하듯 드라마 연기자처럼 풀어내는 성악에 능숙한 가수들이 더 잘 어울린다. 그 때문인지 바그너 오페라에는 우리가 이름만 들어도 알 만큼 유명한 '기교파 가수'들은 잘 보이지 않는다. 바그너 오페라 전용 가수라고 칭해질 만큼 바그너 음악에만 특화된 가수 그룹이 따로 있을 정도다.

음악과 철학, 신화 등을 버무린 종합예술을 지향하는 바그너 음악의 특성상 오페라에서 스토리, 대사와 같은 비음악적인 부분이 차지하는 비중이 대단히 크다는 점도 특징이다. 극을 전체적으로 보아야 하므로 부분 부분만 가지고는 쉽게 이해하기 어렵고 재미도 별로 없다. 하지만 극을 전체적으로 이해할 수만 있다면 그 깊이와 감동이 두 배 세 배 커지기 때문에 끝이 없을 것만 같은 깊이감이 엄청난 매력으로 다가온다. 바그너 극을 이해하고 즐기는 것에 도전 정신을 가지고 있는 관객들까지 있을 정도다.

이외에도 극의 테마가 남성 위주인 경우가 많고, '방탕하거나 저주에 걸린 남성을 지고지순한 여성의 숭고한 사랑이 구원한다'는 바그너 고유의 테마가 자주 등장한다. 이에 테너보다는 베이스나 바리톤의 거친 남성 역할과 소프라노 또는 메조소프라노의 순결한 여성 역할이 대비되는 경우가 많다. 전 생애에 걸쳐 자유분방하게 살았던 바그너가 극 중 남성 캐릭터에 자신을 투영했다는 추론은 거의 사실에 가깝다.

바그너 극은 전체적인 통일성을 강조하기 때문에 다른 오페라에 비해 서곡의 중요성이 매우 크다. 서곡은 본 극을 요약하여 미리 암시하는 파트이기 때문에 서곡의 테마가 본 극에서 계속 반복될 수밖에 없는데, 바그너 극의 경우 서곡의 테마가 극의 주제 하나하나와 완벽에 가까울 만큼 긴밀하게 촘촘히 연결되어 있어 서곡이 본 극의 어느 부분에 어떻게 반복되는지 관찰하는 것만으로도 극의 전체 흐름을 이해하는 데 큰 도움이 된다.

《방황하는 네덜란드인*Der Fliegende Hollander*》은 바그너의 등장을 세상에 알린 동시에 그가 전 생애에 걸쳐 추구했던 새로운 개념의 오페라(종합가극)의 도래를 예고한 그의 최초 성공작이다. 이보다 앞서 1842년 작곡된 《리엔치*Rienzi*》는 바그너의 독특한 스타일이 정립되기 이전의 작품이라 그의 본격적인 오페라 작품 리스트에선 제외하는 경우가 많다.

바그너는 1837년 24세의 나이에 러시아의 제의로 리가의 음악감독에 부임하는데 방탕한 생활 탓에 1839년에는 엄청난 빚을 떠안게 된다. 이후 파리에서의 새로운 생활을 꿈꾸며 북해를 건너던 도중 배가 거의 뒤집힐 뻔할 만큼 큰 풍랑을 만나게 된다. 이 5주간의 항해에서 겪었던 고난이 《방황하는 네덜란드인》의 창작에 최초의 영감을 준 것으로 알려져 있다. 보다 직접적인 계기는 당시 파리에 거주했던 유태인 시인 하이네(Heinrich Heine, 1797~1856)가 저주에 걸려 바다에서 방황하는 네덜란드 선장의 전설을 동기로 하여 쓴 시 「폰 슈나벨레롭스키의 회고록 중에서 From the Memoirs of Herr von Schnabelewopski」에서 비롯되었다는 것이 정설이다.

《방황하는 네덜란드인》은 지고지순한 여성이 방탕하거나 저주에 걸린 남성을 구원한다는 바그너 고유의 테마가 처음, 가장 집약적으로 표현된 오페라다. 바그너 초기작인 만큼 후기작에 비해 이탈리아 오페라의 영향이 많이 남아 있어, 가수의 아리아 부분이 귀에 쏙쏙 들어오는 등 비교적 이해하기 쉽게 구성되어 있다. 특히 2막과 3막을 거쳐 반복되는 여주인공 젠타의 발라드는 순수와 구원의 이미지를 그야말로 적나라하게 드러낸다. 극 마지막 젠타와 네덜란드인 선장이 바다에 빠져 죽음으로 결합되는 장면은 후에 그의 대표작 《트리스탄과 이졸데》의 모티프가 되었다고도 한다. 2막에서 젠타의 아버지 달란트가 부르는 아리아는 독일 작곡가 베버의 영향이 남아 있으며, 3막에서 젠타의 전 애인 에릭이 부르는 아리아는 이탈리아 전통 아리아를 떠올리게 한다. 하지만 이 두 파트를 제외하면, 주인공 선장과 젠타가 부르는 곡들은 대부분 서술적이면서도 드라마틱한 바그너풍이다.

1막에서 선장이 등장하며 부르는 긴 베이스 내러티브는 오케스트라를 압도할 만큼 인상적이다. 앞서 서술한 그 유명한 '젠타의 아리아'는 선장을 구하겠다는 주술적 사랑으로 승화되는 그녀의 고뇌를 잘 표현하고 있다. 2막에서 선장과 젠타가 첫눈에 사랑에 빠지는 장면이 젠타의 상당히 긴 침묵으로 묘사되고, 선장과 젠타 간의 떨리는 교감이 오케스트라 반주를 통해 절묘하게 표현된다는 점도 다른 오페라에서는 보기 어려운 《방황하는 네덜란드인》만의 포인트다. 극 전반에서 노르웨이 선원들의 코러스가 많은 분량을 차지하는데, 특히 1막 시작 부분과 3막 마지막 부분의 코러스가 오케스트라와 어우러지는 부분에서 거침없는 박력과 카리스마를 느낄 수 있다.

타이틀 롤 선장 역에 바리톤 마이클 볼레(Michael Volle), 젠타 역에 소프라노 앰버 와그너(Amber Wagner), 달란트 역에 베이스 프란츠 조세프 셀리그(Franz-Josef Selig), 에릭 역에 테너 AJ 글뤼커트(AJ Glueckert)가 캐스팅되었다. 볼레는 바리톤이지만 베이스로 착각할 만큼 무게감 있는 음색을 들려주었다. 소프라노 와그너(바그너의 후손일지도 모르겠다.)는 큰 체격이 젠타의 가녀린 이미지에 잘 맞지 않는 것 같았지만 노래만큼은 바그너에 잘 튜닝된 가수로서의 면모를 숨김없이 보여주었다. 달란트 역의 셀리그는 베이스이면서도 세속적인 캐릭터에 맞게 약간은 가벼운 톤으로 배역을 잘 소화하였으며, 글뤼커트는 미성의 테너로 자꾸 죽음의 길로 다가가려는 젠타를 안타깝게 붙잡는 에릭 역을 설득력 있게 표현하였다.

관람 노트
관람 일시: 2017년 5월 12일 (19:30~21:55)
지휘: Yannick Nezet Seguin
감독: August Everding
프로그램 노트: Gavin Plumley

추천 음반
지휘: Otto KLEMPERER
출연: Daland: Martti Talvela | Senta: Anja Silja | The Dutchman: Theo Adam
오케스트라: New Philharmonia Orchestra, 1960.
녹음: Angel(LP)

마술피리

 모차르트의 《마술피리》는 오페라이면서도 뮤지컬 같은, 남녀노소를 불문하고 모두가 즐길 수 있는 매우 재미있는 오페라다. 어찌나 대중적인지 독일어 버전과 영어 버전이 따로 공연될 정도다. 메트로폴리탄에서 같은 극을 다른 언어로 마치 다른 오페라처럼 따로 공연하는 경우는 아마도 《마술피리》가 거의 유일하지 않나 싶다.

 베르디나 푸치니, 심지어는 모차르트의 다른 오페라들까지도 대부분 주인공과 많은 사람이 죽는 비극이라는 점을 생각하면 《마술피리》는 손에 꼽을 정도로 드문 유쾌한 오페라다. 코미디와 판타지가 섞여 마치 아이들 동화 같지만, 알고 보면 매우 심오한 철학을 담고 있다는 점도 큰 매력이다. 대본 곳곳에 은유(metaphor)가 깔려 있는데, 작곡가인 모차르트와 그의 절친한 친구이자 《마술피리》의 대본을 쓰고 작곡을 권유했다고 하는 엠마누엘 쉬카네더(Emanuel Schikaneder, 1751~1812) 모두 비밀결사단체인 '프리메이슨(Freemason)'의 회원이었다는 사실이 영향을 미쳤다는 추측이 많다. 좀 더 주의를 기울여 관람하다 보면 박애주의, 이성주의, 합리주의 등 상당히 진보적인 암시가 극의 곳곳에 내포되어 있음을 발견할 수 있다.

예를 들어 극에서 중요한 인물인 자라스트로(니체의 차라투스트라 혹은 조로아스터교의 조로아스터가 연상된다.)가 알고 보니 악한이 아니었고, 오히려 주인공 타미노에게 그를 악마라고 속인 밤의 여왕이 어둠의 지배자였다는 설정 등이 그러하다. 자라스트로는 온 세상의 지혜를 모두 가진 절대적 지배자(이성, 박애, 합리)로 마치 니체가 이야기한 '초인'과 같은 빛과 구원의 존재임을 암시한다. 극 결말에 자라스트로가 신을 찬양하는 장면이 나오는 걸 보면 기독교적인 신의 존재를 부정하지는 않는 것으로 보인다. 다만 당시 종교의 폐해를 비판하는 뉘앙스가 많이 담겨 있는데, 밤의 여왕은 구세대, 구질서, 당시 절대적이었던 가톨릭 교회의 폐단 등을 상징하는 것으로 해석된다.

오페라의 절대적 중심인물 파파게노는 서민을 대표하는 인물로, 모차르트가 얼마나 서민을 사랑한 진보주의자였는지 잘 보여준다. 파파게노가 결국 자라스트로의 세계에 입문하는 데는 실패하지만 파파게나와 행복하게 살아간다는 결말도 평소 서민의 행복을 추구한 모차르트의 박애, 사랑, 낙관주의 등을 반영한 것이라는 해석이 많다. (파파게노가 자살을 시도할 때 그를 구하러 온 세 명의 정령이나 밤의 여왕을 보좌하는 세 명의 요정 등 '3'이라는 숫자가 자즈 나오는 것도, 극의 배경이 프리메이슨의 성지 이집트로 설정된 것도 모두 프리메이슨의 영향이라고 한다.)

《마술피리》가 귀족들 앞에서 먼저 공연하던 당시 관행과는 다르게 비엔나 외곽의 작은 시골 공연장에서 초연되었다는 점 역시 이 오페라가 서민을 위한 작품이라는 것을 가늠하게 해준다. 오페라 초연에는 배우이자 가수였던 대본가 쉬카네더가 파파게노 역할까지 맡았다고 한다.

《마술피리》는 모차르트가 죽기 3개월 전 완성된 오페라로 노래와 대사가 공존하는 징슈필* 형태라는 점이 특이하다. 한마디로 그의 사상과 위트, 유머, 드라마가 총망라된 마지막 걸작이라 할 수 있다.

독일 연극학자 이반 나겔(Ivan Nagel, 1931~2012)은《마술피리》에 구

---

* singspiel. 독일어로 서로 주고받는 대사에 서정적인 노래가 어우러진 것이 특징인 민속적인 오페라.

현된 구원의 모티프(남주인공 타미노가 여주인공 파미나를 구원하러 달려가는 장면)가 후에 베토벤의 《피델리오》(레오노레가 옥중에 있는 남편을 구원하러 달려가는 장면)에 크게 영향을 미친 것으로 해석한다. '왕자가 갇혀 있는 공주를 구한다'는 오페라의 오랜 주제가 《마술피리》에도 그대로 적용되었지만, 타미노가 파미나를 구원한다기보다 죽음을 불사하는 파미나의 사랑이 오히려 타미노를 구원한다는 역설(갇혀 있는 공주가 자기를 구하러 온 왕자를 구원)이 《마술피리》의 다른 점이라고 본다. 이에 영향을 받은 베토벤 역시 《피델리오》의 구원자를 남성이 아닌 여성(레오노레)으로 설정함으로써 구원이란 힘 있는 계층 또는 위에서부터 내려오는 것이 아니라 힘은 없어도 불의에 결연히 맞서는 우리 자신 또는 아래로부터 올라오는 무언가라는 사실을 강조했다고 해석한다.[*]

유명한 '밤의 여왕의 아리아'는 1막 마지막에 부르는 〈떨지 말아라 사랑하는 아들아 *O zittre nicht*〉와 2막 중간에 부르는 〈지옥의 복수심이 내 마음에 끓어오르고 *Der Hölle Rache kocht in meinem Herzen*〉 두 곡으로 소프라노의 콜로라투라가 절정에 이르는 곡이다. 남자 주인공이 타미노인지 파파게노인지 헷갈릴 정도로 극을 거의 주도하다시피 하는

---

*   Ivan & Marion Faber Nagel, *Autonomy and Mercy*, Generic, 1991.

파파게노가 1막에서 부르는 〈나는야 새잡이*Der Vogelfanger bin ich ja*〉와 2막에서 부르는 〈사랑스러운 연인이나 작고 아담한 아내를 원하네*Ein Madchen oder Weibchen*〉는 밝고 경쾌한 풍의 곡으로 서민을 대변하는 이미지의 아리아다. 파파게노와 파파게나가 함께 부르는 〈파-파-파*Pa-Pa-Pa*〉도 극의 재미를 한층 끌어올리는 장난스러운 듀엣으로 어린아이들도 좋아할 만큼 재미있다.

주인공 타미노의 황홀한 아리아 〈얼마나 아름다운가*Dies Bildnis ist bezaubernd schon*〉, 파미나가 진정한 사랑의 마음을 담아 부르는 〈아, 나의 모든 행복은*Ach, ich fuhl's*〉, 베이스 자라스트로가 카리스마 넘치게 부르는 〈오, 이지스 그리고 오지리스 신이여*O Isis und Osiris*〉 〈이 신성한 전당 안에서는*In diesen heil'gen Hallen*〉 모두 모차르트의 천재성을 유감없이 보여주는 곡들이다.

테너 찰스 카스트로노보(Charles Castronovo)가 맑고 순수한 이미지의 주인공 타미노 역을 잘 표현하였으나 열정이나 카리스마를 느끼기에는 2% 부족했다. 파미나 역의 소프라노 골다 슐츠(Golda Schultz)가 사랑에 빠진 공주를 청순하고 정결하게 연출했다. 밤의 여왕 역은 소프라노 캐스린 레엑(Kathryn Lewek)이 짧은 등장에도 불구하고 카리스마 넘치는 리릭 소프라노의 콜로라투라를 멋지게 보여주었다. 언제나 드는 생각이지만 자칫 한 음만 이탈해도 큰 실패로 이어질 수 있는 밤의 여왕의 콜로라투라를 어쩌면 저렇게 완벽하게 소화할 수 있을까? 탄성을 자아낼 만큼 완벽한 노래였다.

《마술피리》에서 가장 중요한 파파게노 역은 마르쿠스 베르바(Markus Werba)가 열연하였는데 처음부터 끝까지 파파게노만 나온 것 같다는 착각이 들 만큼 익살스럽고 강한 카리스마를 보여주었다. 자라스트로 역은 베이스 토비아스 케러(Tobias Kehrer)가 엄중하고 경건한 배역을 멋지게 소화하여 짧은 등장 시간에도 불구하고 강한 인상을 남겼다.

관람 노트
관람 일시: 2017년 9월 27일 (19:30~22:40)
지휘: James Levine
감독: Julie Taymor
프로그램 노트: Jan Swafford

추천 음반
지휘: Karl BOHM
출연: Pamina: Evelyn Lear | Tamino: Fritz Wunderlich | Papageno: Dietrich Fischer-Dieskau | Papagena: Lisa Otto | Sarastro: Franz Crass
오케스트라: Berlin Phil., 1964.
녹음: DG(LP)

노르마

노르마, 하면 자연스레 소프라노 마리아 칼라스가 떠오른다. 노르마 역에 다른 가수는 떠올릴 수 없고 떠올리고 싶지도 않을 만큼 '노르마는 곧 마리아 칼라스'다. 많은 배역을 맡아 최고의 찬사를 받은 마리아 칼라스. 수많은 비평가가 그녀에게 그중 최고는 어떤 역이었는지 물었다. 마리아 칼라스는 '벨리니의 노르마'라고 답했다고 한다.

여기에는 많은 이유가 있겠지만 우선 그녀가 거의 사장되다시피 했던 《노르마Norma》를 다시 끄집어내 대중에게 사랑받는 최고 클래스의 오페라로 되살려냈다는 것이 첫 번째 이유다. 당대 최고의 지휘자 세라핀(Tullio Serafin, 1878~1968)은 1927년 그가 애지중지한 마리아 칼라스를 여주인공으로 하여 《노르마》를 다시 무대에 올렸다. 《노르마》는 1890년 이후 한 번도 공연된 적이 없었다고 하니 얼마큼 큰 모험이었는지 알 수 있다.

무게와 기교를 동시에 갖춘 소프라노 칼라스는 1막에 나오는 노르마의 아리아 〈정결한 여신이여 *Casta diva*〉를 환상적으로 소화했다. 이 성공이 당시 칼라스와 《노르마》의 가치를 그야말로 최고 수준으로 끌어올렸다. 다분히 결과론적이고 개인적인 상상이지만, 칼라스의 실제 인생이 오페라 속 노르마와 닮았다는 점도 칼라스가 노르마 역을 가랑 사랑한 까닭이 아닐까 생각해본다. 그녀는 연인 오나시스가 재클린 케네디에 빠지면서 버림받게 되는 마지막까지도 의연함을 잃지 않는 삶을 살았다.

벨칸토* 음악의 대표적인 작곡가 빈첸초 벨리니(Vincenzo Bellini, 1801~1835)는 33세의 이른 나이로 요절하여 《몽유병의 여인 *La Son-*

---

*   벨칸토(bel canto)는 아름다움을 강조하는 작곡, 아름답게 노래하는 창법, 아름답게 노래하는 걸 중시하는 스타일 등을 총칭한다. 보통 로시니, 벨리니, 도니체티의 오페라를 대표적인 벨칸토 음악으로 여긴다.
     벨칸토 성악 기법은 17세기에 시작되어 18세기 후반에서 19세기 초반 유럽에서 크게 유행했다.

nambula》《청교도*I Puritani*》《노르마》단 세 편의 오페라 작품만을 남겼다. 만약 33세까지만 살았다고 가정하면 바그너는《탄호이저*Tannhauser*》한 편, 베르디는《나부코*Nabucco*》《롬바르디아인의 제1차 십자군 원정*Lombardi alla Prima Crociata*》《에르나니*Ernani*》세 편, 리하르트 슈트라우스는《군트람*Guntram*》한 편밖에 남기지 못했을 것이다. 그만큼 이른 성공이었다.

후세에 벨리니는 성악을 가장 잘 이해하고 성악과 멜로디, 오케스트라를 거의 완벽하게 조화시킨 불세출의 작곡가로 평가되는데, 이탈리아 오페라를 폄하했던 바그너조차 가장 존경하는 작곡가로 벨리니를 꼽았을 정도다. 음악과 대본을 완벽하게 조화시킨 벨리니 음악의 특성이 총체적 악극을 탄생시킨 바그너에 큰 영향을 주었다고 한다.

대본을 쓴 펠리체 로마니(Felice Romani, 1788~1865)는 도니체티의《사랑의 묘약》《안나 볼레나*Anna Bolena*》도 썼지만 벨리니와의 합이 가장 환상적이었다고 알려져 있다. 벨리니 오페라는 아름다우나 박력이 없어 마치 수채화 같다고 평가 절하하는 비평가들도 있다. 하지만 이는 그의 작품에 멜로디가 길게 이어지는 경우가 많기 때문에 느끼

기교파 소프라노가 최대한 아름답게 치장한 멜로디를 오랜 호흡으로 표현하는 스타일로, 같은 멜로디라도 소프라노의 기교와 표현에 따라 아주 다르게 느껴질 만큼 성악의 재량과 자유로움을 최대한 살린다. 하모니나 오케스트라의 비중도 최소화된다. 벨리니는 1834년 남긴 편지에 '오페라는 노래를 통해서 울리고, 전율케 하고, 죽을 만큼 절실함을 전할 수 있어야 한다'고 썼는데 벨칸토를 집약적으로 표현한 글이라 할 수 있다.

는 일종의 착시이며, 실제로는 대본과 성악이 그 이상 완벽할 수 없게 잘 짜여 있다는 평가가 더 많다.

　노르마 역은 모든 소프라노에게 산으로 치면 에베레스트와 같은 최고의 영역으로 여겨진다. 역대 최고의 바그네리안 소프라노 중 하나인 릴리 레만(Lilli Lehman)조차 "거의 모든 바그너 여배역보다 노르마가 몇 갑절은 더 힘들었다."라고 고백했을 정도다. 그러나 1831년 이탈리아 라 스칼라에서의 초연 당시에는 관객 반응이 너무 썰렁해서 벨리니에게 큰 충격을 안겨주었다고 하는데, 길게 이어지는 멜로디에 익숙하지 않았던 관객들이 그 진가를 알아채지 못했기 때문이다. 하지만 공연이 계속되고 점점 익숙해짐에 따라 관객들의 반응은 폭발적인 환호로 바뀌었다고 한다.

　후세 평론가들은 그의 작품이 '대본과 가장 지적인 조화를 이루었다'고 평가한다. 예를 들어 극의 하이라이트라 할 수 있는 3막 마지막에 노르마가 어떤 극적 소프라노도 없이 신전에 바쳐질 제물이 바로 자신이라고 담담하게 내뱉듯 고백하는 장면 등이 그렇다. 모두가 충격을 받는 하이라이트인 이 장면을 보다 극적으로 만들 수도 있었을 것이다. 하지만 '극적'인 것보다 '지적'인 조화를 바랐던 벨리니는 오히려 이 장면을 아주 담담하게 처리하였다. 실제로 극을 감상하다 보면 이런 담담함이 노르마의 비극을 더 처연하게 느껴지게 한다.

극은 당시 쇼펜하우어가 관람한 후 말했다는 것처럼 '극도로 완벽한 비극'의 처절함을 느끼게 한다. 부족을 배신하고 점령군의 수장과 사랑에 빠진 여사제 노르마는 남편 폴리오네가 자신의 휘하에 있는 초년 여사제 아달지사와 불륜을 저지르자 그녀를 증오하게 된다. 하지만 결국 화해하고 우정을 회복하면서, 오히려 부족을 속이고 임무를 다하지 못한 잘못을 인정하고 신전의 제물로 당당히 사라져간다는 내용이다. 노르마의 숭고한 모습에 자신의 잘못을 뉘우친 폴리오네가 그녀와 같이 불 속으로 걸어 들어가는 장면이 라스트 신이다.

살아 숨 쉬는 듯한 리듬과 멜로디가 대본과 잘 조화되어 감동으로 치닫는 장면이 극의 곳곳에서 발견되는데, 역시 하이라이트는 1막에서 노르마가 부족들 앞에서 부르는, 순결함과 아름다움의 결정체인 솔로 〈정결한 여신이여〉이다. 폴리오네의 솔로 〈비너스의 계단 아래서 *Meco all'atar di Venere*〉도 인상적이다. 그러나 무엇보다 극을 주도하는 것은 1막 끝부분 노르마와 폴리오네, 아달지사의 삼중창이나 2막에서 노르마와 아달지사가 애증의 감정으로 함께 부르는 이중창(대립으로 시작되어 화합으로 끝난다.)〈보라, 오 노르마여 *Mira, o Norma*〉 같은 곡들인데, 드라마와 성악이 어디까지 하나가 될 수 있는지를 여실히 보여준다.

타이틀 롤 노르마 역에는 라트비아 출신 소프라노 마리나 레베카가, 아달지사 역에는 미국계 메조소프라노 조이스 디도나토(Joyce DiDonato)가 캐스팅되어 열연하였다. 레베카는 힘 있는 발성으로 신념에 찬 노르마를 박력 있게 표현하였는데, 기교보다는 성량이 더 인상적이었다. 디도나토는 주인공으로 착각할 만큼 매력적인 메조소프라노로 긴장감을 한층 끌어올렸다. 폴리오네 역의 테너 조셉 칼레자는 아름다운 테너를 들려주었지만 너무 선한 이미지 때문인지 배신남 폴리오네의 부정적인 이미지를 성공적으로 표현하지는 못했다. 노르마의 아버지이자 부족의 수장인 오로베소 역은 베이스 매튜 로즈가 노래하였는데, 극 중 배역의 비중이 크지 않아서인지 존재감이 약하게 느껴졌다.

관람 노트
관람 일시: 2017년 10월 20일
 (20:00~23:15)
지휘: Carlo Rizzi
감독: David McVicar
프로그램 노트: Paul Thomason

추천 음반
지휘: Tullio SERAFIN
출연: Norma: Maria Callas | Pollione: Franco Corelli | Adalgisa: Christa Ludwig | Oroveso: Nicola Zaccaria
오케스트라: Orchestra and Choral of La Scala Opera House, 1951.
녹음: Angel(LP)

지휘: Tullio SERAFIN
출연: Norma: Maria Callas | Pollione: Mario Filippeschi | Adalgisa: Ebe Stignani | Oroveso: Nicola Rossi-Lemeni
오케스트라: Orchestra and Choral of La Scala Opera House, 1954.
녹음: EMI(CD, 1997 Remastering)

투란도트

《투란도트》는 푸치니의 마지막 오페라로 그가 말년에 모든 역량을 다 바쳐 만든 작품치고는 완성도나 대중적 성공 면에서 기대에 못 미친다는 평가가 많다. 3막 초반에 칼라프가 부르는 〈공주는 잠 못 이루고〉가 그 아름다운 선율과 루치아노 파바로티의 감미로운 'high C'에 힘입어 불멸의 테너 아리아로 불리고 있지만, 정작《투란도트》원작에 대한 대중의 관심은 그의 다른 오페라(《라보엠 La Boheme》《토스카 Tosca》《나비부인》등)에 비해 상당히 떨어진다.

여러 가지 이유가 있을 것이다. 하지만 가장 큰 원인은 그의 전작들이 모두 베르디적이고 낭만적인 이탈리아 오페라의 특성을 갖추고 있었던 반면, 《투란도트》는 이탈리아 오페라의 한계를 넘어 과감히 음악적 진보를 시도한 작품이었다는 데 있다. 1막에서 류가 부르는 〈주인님, 들어주세요 Signore, ascolta〉나 3막에서 칼라프가 부르는 〈공주는 잠 못 이루고〉와 같은 솔로 아리아 몇 곡을 제외하면 다양한 악기군의 오케스트라와 코러스의 비중이 두드러지게 커졌다는 점, 2막에서 투란도트가 칼라프에 수수께끼를 내며 대립하는 장면이 마치 바그너 오페라를 연상시킬 정도로 드라마처럼 전개되는 점 등이 그렇다.

푸치니가 1924년 11월 인후암 진단을 받은 지 한 달도 지나지 않아 일기를 마쳤기에 《투란도트》의 마지막 부분은 프랑코 알파노(Franco Alfano, 1875~1954)가 대신 완성한다. 푸치니가 이 부분의 내용을 투란도트 공주의 얼음 같은 마음이 풀려 칼라프와 사랑의 이중창을 부르는 것으로 해달라고 대본가 주세페 아다미(Giuseppe Adami, 1878~1946)에게 미리 전해두었기에, 알파노는 음악만 대작하였다. 1926년 4월 25일 《투란도트》 초연은 전설적인 거장 아르투로 토스카니니(Arturo Toscanini, 1867~1957)가 밀라노의 라 스칼라에서 지휘하였는데, 푸치니가 작곡한 3막 끝부분까지만 지휘하고 지휘봉을 놓았다는 일화가 아주 유명하다.

2막에서 황제의 궁전을 배경으로 전편에 흐르는 오케스트라 음악은 중국풍 멜로디를 상당 부분 차용한 것처럼 보인다. 하지만 중세 유럽 종교음악과 섞여 있어 완전히 중국적인 음악이라 보긴 어렵다는 평이 많다. 얼음처럼 차가운 투란도트의 카리스마가 돋보이는 2막의 아리아 〈옛날 이 궁전에서 In questa reggia〉는 마치 찢어질 듯 날카로운 소프라노여서 듣기 거슬리기도 한다. 하지만 가만히 듣다 보면 박력과 아름다움이 어우러진 매우 이색적인 소프라노라는 것을 알 수 있다. 투란도트 역 소프라노는 가히 '투란도트적'이라 할 만큼 여느 소프라노와 다른데, 고음과 힘이 결합되어 발성이 시끄럽고 거칠다. 때문에 투명하고 가녀린 음색의 리릭 소프라노는 투란도트 역을 소화하기 어렵다. 바그네리안 소프라노의 대표 격이라 할 수 있는 브리기트 닐슨(Birgit Nilsson)이 역대 투란도트 가운데 최고로 평가되는 것도 바로 그 때문이다.

타이틀 롤 투란도트 역은 소프라노 옥사나 디카(Oksana Dyka)가 다소 거슬릴 정도로 카리스마 있는 고음으로 투란도트다운 면모를 보여주었다. 투란도트를 차지하기 위해 분투하는 칼라프 역은 테너 알렉산드르 안토넨코(Aleksandrs Antonenko)가 정열적이면서도 감미롭게 연기했다. 다만 그의 〈공주는 잠 못 이루고〉는 감미롭다 못해 약간 힘이 빠진 것처럼 느껴질 정도였다. 아마 폭발적인 성량을 가진 파바로티의 〈공주는 잠 못 이루고〉가 우리에게 너무나 강렬하게 각인되어 있어 웬만한 테너는 그를 뛰어넘는 감동을 주기 힘들 거라는 생각이 들었다. 류 역의 마리아 아그레스타(Maria Agresta)는 청초한 소프라노로 가엾은 류를 잘 소화했지만 투란도트의 카리스마에 눌려 존재감이 떨어졌다.

관람 노트
관람 일시: 2017년 10월 25일
　　(19:30~22:35)
지휘: Carlo Rizzi
감독: Franco Zeffirelli
프로그램 노트: Helen M. Greenwald

추천 음반
지휘: ZUBIN MEHTA
출연: Turandot: Joan Sutherland | Calaf: Luciano Pavarotti | Liu: Montserrat Caballe | Timur: Nicolai Ghiaurov
오케스트라: London Philharmonic Orchestra, 1973.
녹음: Decca(CD)

나비부인

《나비부인》은 여느 오페라보다 스토리 라인이 강하다. 특히 배경이 동양이어서인지, 이국인에 버림받은 순수한 영혼에 대한 연민이 정서 깊은 곳을 자극해서인지는 모르겠지만 서양인에게 어필하는 힘이 더 강한 것 같다. 실제로 3막이 끝나갈 무렵에는 관람석 여기저기에서 훌쩍거리는 소리를 들을 수 있는데, 주로 나이 많은 할머니들이다. 어찌 보면 단순하고 신파적인 스토리지만 극에 몰입하게 되면 나도 모르게 뭉클해지는 오페라다.

푸치니 오페라 대부분이 그렇듯《나비부인》역시 라스트 신이 아주 강렬하다. 마지막에 이르러 자결하고 마는 여주인공 초초산은 섬뜩할 정도로 처연하고 순결한 이미지를 남긴다. 집안이 망하면서 어쩔 수 없이 게이샤가 되었으나 초초산은 어려서부터 군인 아버지로부터 '명예 없인 살 수 없다'고 교육받았다. (그녀의 아버지 역시 명예를 지키기 위해 할복한 사무라이다.) 초초산은 장난삼아 그녀와 동거하려는 미 해군 장교 핑커튼에 정식으로 청혼하고 사랑에 빠진다. 핑커튼은 별생각 없이 승낙하지만 그의 친구 샤프리스는 그녀가 모든 걸 다 바쳐 핑커튼을 사랑하고 있으니 결혼에 신중을 기하라고 충고한다.

이후부터는 초초산의 순결하면서도 일방적인 사랑(2막), 핑커튼으로부터 버림받았다는 사실을 안 뒤의 비극적인 결말(3막) 등 예측 가능한 스토리로 흘러간다. 그럼에도 불구하고 푸치니의 탁월한 멜로디와 극적 효과가 가수들의 동작 하나하나, 노래 한 곡 한 곡으로 애절하게 표현되면서 엄청난 힘으로 관객을 흡입한다. 2막, 3막의 전개가 예상된다는 이유로 지루할 거라고 생각했다간 오산이라는 사실을 곧 깨닫게 된다.

오페라《나비부인》은 초연과 관련된 에피소드로도 유명하다. 1904년 2월 17일 이탈리아 라 스칼라에서 초연하였을 당시에는 관객의 야유와 조롱으로 음악 소리도 들리지 않을 만큼 대단한 참패였다고 한다. 초초산 역의 로지나 스토르치오(Rosina Storchio)는 기모노를 제대로 다루지 못하여 '그녀가 토스카니니의 아이를 임신했다'는 야유를 들어야 했으며, 초연 후 공연이 이어지지 못해 푸치니가 극장에 대관료 전액을 손해 배상해야 했다고 한다.

당시 푸치니는 교통사고를 여러 차례 겪고 당뇨병까지 발병하여 고생하고 있던 터라 실망감이 더욱 컸다. 하지만 극작가 주세페 자코사(Giuseppe Giacosa, 1847~1906)와 루이지 일리카(Luigi Illica, 1857~1919)의 도움과 격려로 포기하지 않을 수 있었다. 이후 남자 주인공 핑커튼의 악한 이미지를 완화하고 일본이라는 이국적 이미지를 약하게 하는 등 여러 차례 수정 작업을 거쳐, 같은 해 5월 28일 두 번째 공연에서는 대성공하는 극적 반전을 이끌어냈다. 그 후에도 크고 작은 수정 작업이 이루어졌다. 현재 공연되는 버전은 1906년 파리 버전이다.

일본 국가 등 동양 음악이 많이 이용되었는데, 종, 북, 피리 등 동양적 색채가 짙은 악기들을 많이 사용하여 오케스트라 음의 다양성을 높이고 드라마틱한 효과음을 잘 살린 것으로 평가받는다. 일본 국가뿐 아니라 미국 국가도 차용하여 극적 암시 효과를 높였지만, 지나치게 의도한 느낌이 들기도 한다. 특히 2막 마지막 부분 초초산이 아이와 시종 스즈키와 함께 다소곳이 앉아 핑커튼을 하염없이 기다리는 부분에서 꽤 오랫동안 이어지는 허밍 코러스가 유명한데, 그 이국적인 뉘앙스 때문인지 애인을 간절하게 기다리는 초초산의 절실함이 관객에 더욱 강하게 어필하는 것 같다.

초초산과 핑커튼의 아이는 실제 어린아이를 캐스팅하지 않고 인형을 이용했다. (검은 옷을 입은 두 명의 플레이어가 인형을 들고 다닌다.) 이러한 장치를 이용해 일본식 인형극의 효과를 살린 점도 서양 오페라치고는 매우 획기적인 시도다. 초초산 혼자 거의 전 막을 노래한다고 해도 과언이 아닐 만큼 초초산의 아리아가 많은데, 2막 초반의 〈어느 맑게 개인 날*Un bel di*〉이 특히 유명하다.

초초산 역의 소프라노는 1막에서 핑커튼과 함께 부르는 듀엣에서부터 3막 마지막 죽기 전 절규에 이르기까지 한 여인이 겪는 일생의 모든 부침을 오롯이 표현해야 한다. 음악적 역량뿐 아니라 극적 표현력이 대단히 중요하기에 소프라노라면 누구나 꿈꾸는 배역이라 할 수 있다.

타이틀 롤 초초산 역은 소프라노 후이 헤(Hui He)가 열연했다. 풍부한 성량과 기교, 카리스마 넘치는 연기 등 거의 모든 면에서 완벽하게 배역을 소화하면서 관객으로부터 많은 갈채를 받았다. 동양적 매력을 보여주는 동시에 여느 서양 가수보다 풍부하고 박력 있는 성악을 거의 쉬지 않고 선보이는 역량이 정말 뛰어났다. 남자 주인공 핑커튼 역은 테너 로베르토 아로니카(Roberto Aronica)가 연기하였다. 그러나 부드럽고 선량한 이미지가 너무 두드러져 배신자라는 부정적인 캐릭터를 전달하기에는 다소 약한 게 아닌가 하는 의구심이 들었다. 시종 스즈키 역은 메조소프라노 마리아 지프착(Maria Zifchak)이 연기했다. 《나비부인》에서 스즈키는 주인공 초초산 못지않게 존재감이 뚜렷하고 인상적이어서 메조소프라노라면 누구나 탐내는 역할이다. 지프착 역시 특유의 두툼한 톤으로 버림받은 초초산을 원숙하면서도 지혜롭게 감싸 안는 스즈키 역할을 품위 있게 소화하였다.

관람 노트

관람 일시: 2017년 11월 2일 (19:30~22:45)
지휘: Jader Bignamini
감독: Anthony Minghella
프로그램 노트: Albert Innaurato

추천 음반

지휘: Herbert von KARAJAN
출연: Madama Butterfly: Maria Callas | Suzuki: Lucia Danieli | Kate Pinkerton: Luisa Villa | B. F. Pinkerton: Nicolai Gedda
오케스트라: La Scala Opera House, MILAN, 1955.
녹음: EMI(LP)

베르디 레퀴엠

레퀴엠은 '죽은 사람을 위한 노래' 또는 '미사곡'을 의미한다. 모차르트나 포레의 레퀴엠도 유명하지만, 62세의 베르디가 만년에 모든 역량을 다 바쳐서 완성한 《레퀴엠 Messa da Requiem》은 특히 오케스트라와 합창의 스케일이 크고 드라마틱하다. 단순 미사곡이라기보다는 연기 없이 음악과 노래만 있는 오페라라고 하여도 손색이 없을 만큼 독보적이다. 소프라노, 메조소프라노, 테너, 베이스 네 명이 부르는 솔로, 중창, 합창이 모두 오페라 아리아처럼 아름다운 선율과 다이나믹한 드라마를 가지고 있다. 평론가들 사이에서도 《레퀴엠》은 당당하게 베르디 오페라 중 최고의 걸작이라고 평가된다.

솔직히 아무런 기대 없이 보았는데 큰 충격과 감동을 받고 오페라가 끝난 뒤에도 한참 동안 앉아 있었다. 공연 시간은 1시간 30분으로 오페라치고는 짧다. 처음부터 끝까지 오케스트라 반주로 솔로, 이중창, 사중창 성악이 계속되는데 저절로 몰입하여 끝날 때가 되었는 줄도 모르고 정신없이 보았다. 나만 그랬는지도 모르지만 특이하게도 음악이 계속되는 동안 매우 졸렸다. 지루했다는 뜻이 아니다. 죽음을 노래하는데 마치 세상에 태어나기 전 모태 내지는 천상에 있는 것 같은 편안함이 느껴진다. 중간중간 두려움이 질풍노도와 같이 몰려오기도 하지만 결국은 평온한 안식을 향해 달려가는 과정일 뿐이다.

솔직히 보는 내내 졸아서 노래를 많이 놓치기도 했다. 하지만 오페라 미사가 끝나고 극장 문을 나서는 순간 한 시간 반 동안 한 편의 완벽한 세계, 지상이 아닌 어떤 영적인 세상을 경험하고 나온 듯 경이로웠다.

베르디 《레퀴엠》은 죽음이라는 거역할 수 없는 절대 힘에 직면하여 고통과 두려움을 느끼는 나약한 인간의 운명에 대한 연민과 사랑을 노래한 작품이다. 《아이다》 《라 트라비아타》 등 베르디의 작품들이 대부분 거대한 세상, 거역할 수 없는 운명과 싸우는 인간의 고통과 사랑을 다루었다는 점에서 《레퀴엠》도 그의 다른 작품들과 궤를 같이한다고 볼 수 있다.

1868년 이탈리아의 대작곡가 로시니가 세상을 떠나자 베르디를 비롯한 이탈리아 출신 작곡가 13인은 그의 죽음을 추모하기 위하여 함께 미사곡을 작곡하기로 결의한다. 베르디가 마지막 부분 〈구원의 노래 Libera me〉를 작곡하였는데, 이것이 《레퀴엠》의 발단이 되었다는 이야기가 유명하다. 이 모임은 참여한 이들 간의 이해 충돌로 결국 무산되었으며, 나머지 12인의 작품은 현재 전해지지 않는다.

그로부터 5년 후인 1873년, 베르디는 이탈리아의 대문호 알레산드로 만초니(Alessandro Manzoni, 1785~1873)의 죽음을 애도하고자 다시금 레퀴엠을 만들기로 한다. 이번에는 스스로 모든 것을 기획하여 일 년 만에 작품을 완성한다. 초연은 만초니 서거 1주년 행사가 열린 이탈리아 밀라노의 산 마르코 성당에서 이루어졌다. 평가는 엇갈렸다. 천재만이 작곡할 수 있는 악보라고 극찬한 작곡가가 있었는가 하면(브람스), 레퀴엠 미사가 갖추어야 할 종교적인 색채가 약하고 지나치게 드라마틱하다고 폄하한 비평가(바그너에게 아내 코지마를 빼앗긴 바그너 추종자 한스 폰 뷜로)도 있었다. 그러나 시간이 지날수록 약점으로 지적되었던 '덜 종교적이고 너무 드라마틱함'이 오히려 베르디 《레퀴엠》만이 갖는 장점으로 재해석되면서 가장 베르디적인 오페라로 극찬받게 되었다고 한다.

레퀴엠 미사는 일반 가톨릭 미사와 다르다. 일상적 미사가 성경 말씀으로만 구성되는 반면, 레퀴엠 미사는 〈진노의 날Dies irae〉과 〈구원의 노래〉 등 노래가 포함되어 신과 인간의 관점이 교차한다는 점에서 다르다. 첫 부분은 조문객들(코러스)이 고인이 영원한 안식을 얻을 수 있도록 하느님께 간구하는 장면으로부터 시작된다. 〈진노의 날〉에서 자신의 죽음을 두려워하는 한 인간의 관점으로 이동하고, 〈거룩하다 Sanctus〉에서 인간이 아닌 천사(신)의 관점에서 본 심판의 날을 노래한다. 마지막 〈구원의 노래〉에서는 다시 죽음 앞에 두려움과 고통에 떠는 나약한 인간의 관점으로 돌아와 인간이 실제로 느끼는 죽음을 노래한다. 이처럼 죽음에 직면한 인간의 고뇌를 노래하는 드라마틱한 요소가 곳곳에 있기 때문에 베르디의 《레퀴엠》은 오페라로 분류된다.

모든 노래가 압권이지만 특히 마지막 부분 소프라노가 부르는 〈구원의 노래〉를 하이라이트로 보는 것도 결국 죽음 앞에 선 인간의 고뇌를 가장 압축하여 노래하는 파트이기 때문이다. 소프라노의 'high C'가 매우 강하게 노래하는 합창 파트에도 묻히지 않고 두드러지게 표현되어 신의 구원을 갈구하는 인간의 간절한 외침을 매우 효과적으로 묘사하고 있다.

천둥이 치는 듯 깜짝 놀랄 만큼 웅장한 〈진노의 날〉은 영화나 광고 음악으로도 자주 사용될 만큼 대중적인데, 《레퀴엠》 전편에 걸쳐 계속 반복된다. 바람 앞의 촛불 같은 인간의 고뇌를 노래하는 파트가 여러 군데 있지만 그중에서도 〈눈물과 한탄의 날Lacrimosa〉과 〈구원의 노래〉가 가장 애절하며 인간의 고뇌에 대한 연민을 넘어 경외감까지 느껴질 정도로 숭고하다.

《레퀴엠》은 타이틀 롤이랄 것이 없다. 모든 합창단과 솔로이스트, 오케스트라가 주인공이다. 소프라노 크라시미라 스토야노바, 메조소프라노 예카테리나 세멘트츄크(Ekaterina Semenchuk), 테너 알렉산드르 안토넨코, 베이스 페루초 푸를라네토(Ferruccio Furanetto) 네 명의 솔로이스트가 모두 좋았지만, 소프라노 스토야노바는 가냘픈 듯 애절하여 연민을 자아내면서도 끝까지 품위를 잃지 않는 인간적 매력을 매우 호소력 있게 보여주었다. 커다란 체구와는 달리 미성을 가진 테너 안토넨코 역시 고뇌 어린 슬픔을 오래 여운이 남을 만큼 아름답게 노래했다. 오래도록 메트로폴리탄 오페라단의 지휘를 맡아온 제임스 리바인(James Levine)은 그다운 원숙미로 《레퀴엠》의 극적이면서도 웅장한 관현악을 매우 극적으로 표현하였다.

관람 노트
관람 일시: 2017년 11월 27일 (19:30~20:55)
지휘: James Levine
감독: Krassimira Stoyanova
프로그램 노트: William Berger

추천 음반
지휘: Victor De SABATA
출연: Sopran: Elisabeth Schwarzkopf | Alt: Oralia Dominguez | Tenor: Giuseppe di Stefano | Bass: Cesare Siepi
오케스트라: Teatro alla SCALA di Milano, 1972.
녹음: EMI(LP)

지휘: Herbert von KARAJAN
출연: Sopran: Mirella Freni | Alt: Christa Ludwig | Tenor: Carlo Cossutta | Bass: Nicolai Ghiaurov
오케스트라: Berlin Phil., 1972.
녹음: DG(LP)

피가로의 결혼

오페라를 전혀 모르는 사람들의 귀에도 익숙한 음악과 노래를 가진 오페라를 하나 꼽자면 모차르트의 《피가로의 결혼》을 들 수 있다. 그만큼 《피가로의 결혼》은 널리 알려져 있다. 그것도 몇 곡만 유명한 것이 아니라 1~4막에 이르는 긴 공연 시간 동안 주연, 조연 할 것 없이 모든 등장인물이 부르는 곡들이 다 유명하다. 아무리 대중적으로 잘 알려진 오페라라고 해도 유명한 아리아는 보통 두세 곡쯤인 걸 생각하면 《피가로의 결혼》은 정말 특별한 오페라가 아닐 수 없다.

《피가로의 결혼》의 오케스트라 음악과 성악 아리아 들은 하나같이 섬세하고 우아하며, 황홀할 만큼 아름답다. 대표적인 예가 3막에서 백작 부인과 수잔나가 함께 부르는 〈편지의 이중창〉*이다. 영화 〈쇼생크 탈출〉에서 주인공이 교도소에 있는 모든 사람이 들을 수 있도록 스피커를 돌려놓고 LP를 턴테이블에 올려놓았을 때 울려 퍼졌던 노래가 바로 이 곡이다. 일하던 수감자 모두가 넋을 잃고 노래를 듣는 그 짧은 장면에서 우리는 자유와 사랑을 느꼈다. 그만큼 대단한 힘을 가진 노래다. 영화를 보면서 무슨 곡인지 궁금해하다 나중에 《피가로의 결혼》에 나오는 이중창 중 하나임을 알고 '모차르트의 코미디에 이렇게 아름다운 곡이 있었나?' 의아해했던 기억이 있다. 코믹 오페라지만 그 음악들은 마음 깊은 곳을 울리는 감동이 있다는 점에서 《피가로의 결혼》은 참 특이하다.

〈편지의 이중창〉에 대해 좀 더 이야기해보자. 백작 부인은 바람둥이 남편을 혼내주기 위해 하녀 수잔나와 계략을 꾸민다. 그리하여 수잔나는 자신에게 치근거리는 백작에게 밤에 정원에서 만나자고 편지를 쓴다. 이 노래는 백작 부인이 수잔나에게 편지에 쓸 내용을 불러주는 장면에서 나온다. (다음 장면에서 백작 부인은 수잔나와 옷을 바꿔 입고 정

---

* 또는 〈저녁 산들바람은 부드럽게 Che Soave Zeffiretto〉.

원으로 간다. 백작은 수잔나의 옷을 입은 백작 부인에게 치근덕거린다.) 줄거리만 보면 코미디지만 노래는 이상하리만치 아름답게 느껴진다. 모차르트가 이 곡에 한마음이 되어 서로의 불행을 감싸 안는 백작 부인과 수잔나의 사랑과 이해, 아름다운 우정을 담음으로써 생명력을 불어넣었기 때문일 것이다.

여기서 끝나지 않는다. 좀 더 자세히 들어보면 이 곡은 두 파트로 나누어진다. 처음 파트는 수잔나가 백작 부인의 노래를 단순히 따라 부르는 형식이고, 다음 파트는 둘이 같이 부르지만 약간의 간격을 두고 아름답게 조화를 이루는 형식이다. 첫 파트에 수잔나가 따라 부르는 것은 편지를 받아쓰는 장면이기 때문이기도 하지만, 당시 귀족과 서민의 계급 차이를 음악적으로 표현한 것이기도 하다. 하지만 뒷 파트에서 결국 함께 노래 부르게 되는 둘의 모습은 계급의 장벽을 넘어 교감하는 우정을 표현하는 동시에, 당시 자유혁명의 시대상을 반영하여 귀족과 서민이 다를 게 없다는 탈신분주의를 표현한 것이라는 평가가 일반적이다. 이처럼 《피가로의 결혼》은 음악적 완성도 측면에서도 대단하고 특별하지만 극 전반에 모차르트 특유의 진보적, 자유주의적이면서 서민적인 철학이 반영되어 있다는 점에서도 크게 주목할 만한 작품이다.

오페라 사상 최고의 대본으로 알려진 《피가로의 결혼》의 각본은

《돈 조반니》《코지 판 투테 Cosi fan Tutte》를 쓴 로렌초 다 폰테가 맡았다. 원작은 피에르 보마르셰(Pierre-Augustin Beaumarchais, 1732~1799)의 피가로 시리즈 연극 3부작 중 제2부다. 똑똑한 서민 피가로가 주인인 귀족의 비행을 드러내고 궁지에 몰아넣어 결국 잘못을 빌게 하고 서로 화합한다는 내용이다. 프랑스 혁명기 시대상을 그대로 반영한 희극이다. 모차르트의 희극 오페라* 대부분이 그렇듯《피가로의 결혼》도 외양은 희극이지만 내용은 당시 시대정신을 치열하게 보여주는 수준을 넘어 보편적인 휴머니즘으로 귀결될 정도로 깊이가 엄청나다.

또한 관객의 유형과 관심에 따라 360도 다른 각도에서 해석할 수 있을 만큼 다면적이다. 하인이 주인을 놀리는 원작의 스토리가 당시로서는 상당히 파격적이었기 때문에 극작가 폰테는 하인과 주인이라는 관계를 떠나 한 인간의 비행과 이에 대한 처벌, 용서 등을 다루는 보다 보편적인 관점으로 순화하였다고 한다. 극 내내 계층 간, 이성 간 긴장감이 계속되며 서로 속고 속이는 이야기가 꼬리를 무는데, 마치 막장 드라마처럼 유치하게 느껴질 수도 있다. 그러나 이런 유치함이 희극 오페라라는 특성에서 온다는 점을 감안하고 보면 재미와 그 속에 담긴 의미가 거의 완벽하게 조화된 각본임을 알 수 있다.

---

*   희극 오페라는 opera buffa, 비극 오페라는 opera seria라 한다.

극의 배경이 되는 스페인의 작은 마을 세빌은 로시니의 오페라 《세비야의 이발사》의 무대이기도 하며 등장인물도 똑같다. 이는 로시니가 같은 피가로 연극 시리즈의 첫 번째 편을 가지고 만들었기 때문이다. 즉 《피가로의 결혼》은 《세비야의 이발사》의 후편인 셈이다.[*] 하지만 순서상으로는 《피가로의 결혼》이 먼저 만들어졌다.

《피가로의 결혼》은 아리아와 중창, 합창, 대사가 혼합된 모차르트 특유의 징슈필 형식이다. 1막에서 피가로가 여자에게 치근대는 백작의 시동 케루비노(실제로는 백작)를 비난하며 부르는 〈더 이상 날지 못하리 Non piu andrai〉, 2막에서 애잔한 마음을 불러 일으키는 백작 부인의 아리아 〈사랑의 신이여, 위로해주소서 Porgi amor〉, 시동 케루비노가 수잔나와 백작 부인 앞에서 즉흥적으로 부르는 사랑의 노래 〈사랑을 아는 그대여 voi che sapete〉, 3막에서 백작 부인이 백작이 다시 자신을 사랑하기를 바라는 마음을 담아 부르는 〈그리운 세월은 가고 Dove sono I bei momenti〉, 백작을 골탕 먹이기 위해 거짓 편지를 쓰면서 백작 부인과 수잔나가 한마음으로 함께 부르는 〈편지의 이중창〉, 4막에서 수잔나가 백작에게 거짓으로 사랑을 고백하는 〈오세요, 지체하지 말고 Deh vieni, non tardar〉, 수잔나에게 속았다고 생각한 피가로가 배신감을

---

* 《세비야의 이발사》에서 알마비바 백작은 하인 피가로의 도움을 받아 로지나와 결혼한다. 《피가로의 결혼》에서 로지나와의 결혼 생활이 지겨워진 알마비바 백작은 피가로의 약혼녀 수잔나를 유혹한다. 하지만 결국 실패하고 용서받는다.

느끼며 부르는 〈모든 것은 준비되었어, 눈을 좀 떠라 *Aprite un po'quegl'oc-chi*〉 등이 모두 유명하다. 모든 아리아가 우열을 가릴 수 없을 정도로 즐겁고 따뜻하며 우아하고 아름답다.

개인적으로 2막 후반부 케루비노의 〈사랑을 아는 그대여〉를 정말 좋아하는데, 유쾌하고 가벼운 듯하면서 진지하게 사랑을 간구하는 절묘함이 놀라운 곡이다. 오케스트라 곡들도 극의 긴장감을 효과적으로 표현해준다. 특히 3막에서 우아한 가운데 긴장이 감추어져 있음을 암시하는 피가로와 수잔나의 결혼식 음악(wedding march)이 잘 알려져 있다.

이반 나겔은 등장인물들의 개인적 비밀이 결국에는 낱낱이 공개되어, 너나 할 것 없이 서로 엮인 하나의 공동체로서의 사회 정서만 남게 된다는 것을 모차르트 희극 오페라의 특징으로 들었다. 즉 모차르트 극은 개인으로서의 행복보다는 공동체 속에서의 행복을 추구한다는 것이다. 공동체의 일원(평민)들은 서로 속고 속이고 아옹다옹하지만 결국은 한편이다. 공동체 밖에 있는 인물(주로 귀족, 지배계급)들은 사회적 우위를 이용하여 공동체원들을 억압하거나 희롱하지만, 결국 공동체원들에 의해 그 비리가 밝혀지면서 벌을 받는다. 하지만 그 처벌은 복수나 파멸 같은 비극적 결말로 이어지지 않으며, 공동체원들과 화해하거나 용서받는 등 다분히 낙관적이고 희극적인 결말이다. 이 같은 화해와 용서의 결말은 모차르트가 추구했던 사회 구성원 간 평등을 반영한 결과라는 해석이 있다.

모차르트 후기 오페라 일곱 편 중 자비 또는 용서로 끝나지 않는 오페라는 《돈 조반니》가 유일하다. 그 이유는 조반니가 지옥 불길로의 파멸을 목전에 두고도 두렵지 않다고 당당히 고백할 만큼 사회 공동체원들과의 화합을 거부하기 때문이다. 공동체 밖 인물 조반니는 다수의 공동체원을 희생양으로 만든다. 결국 공동체원 아니면 제3의 막강한 존재, 즉 하늘(신)로부터 처벌받을 수밖에 없다. 조반니는 후자, 즉 하늘의 심판을 받게 된다. 어떤 면에서 조반니는 잘못이라는 것 자체를 모르는 사이코패스의 전형이다. 잘못을 모르니 용서를 구하지 않고, 용서를 구하지 않으니 받을 수도 없는 것이다. 이런 점에서 《돈 조반니》는 모차르트가 이전 그의 오페라 형식을 뛰어넘어 새롭게 시도한 '신개념 오페라'로 분류되기도 한다.

타이틀 롤 피가로 역에 베이스-바리톤 아담 플라쳇카(Adam Plachetka), 백작 역에 베이스-바리톤 루카 피사로니(Luca Pisaroni), 백작 부인 역에 소프라노 레이첼 윌리스 쇠렌센(Rachel Willis-Sorensen), 수잔나 역에 소프라노 크리스티아네 카르크(Christiane Karg), 케루비노 역에 메조소프라노 세레나 말피(Serena Malfi)가 캐스팅되었다. 《피가로의 결혼》은 과거 유명 가수와 지휘자 들이 참여한 공연이 너무 많고 관객들도 이들의 음반에 익숙해져 있다. 그래서인지 호화 캐스팅이었음에도 불구하고 전반적으로 기대에 못 미쳤던 것 같다. 플라쳇카는 너무 거구여서 재치 있고 영리한 피가로의 이미지가 잘 연상되지 않았다. 익살맞은 연기와 풍부한 성량은 인상적이었다. 백작은 성량이나 카리스마는 좋았지만 호색한이라는 이디지를 살리는 데 치중한 나머지 가벼운 느낌이 너무 강했다. 수잔나는 작은 키와 명랑한 음색 등이 배역에 잘 어울렸으나 노래보다는 연기 위주라는 인상이 강했다. 케루비노는 2막의 아름다운 아리아 파트를 제외하면 연기가 다소 딱딱했다. 그 가운데에서 풍부한 성량과 호소력 짙은 음색으로 상당히 흡입력 있는 성악을 들려준 백작 부인이 인상 깊게 남았다.

관람 노트
관람 일시: 2017년 12월 15일 (20:30~23:25)
지휘: Harry Bicket
감독: Richard Eyre
프로그램 노트: Carolyn Abbate and Roger Parker

추천 음반
지휘: Erich KLEIBER
출연: Figaro: Cesare Siepi | Susanna: Hilde Guden | Bartolo: Fernando Corena | Cherubino: Suzanne Danco | Count Almaviva: Alfred Poell | Countess Almaviva: Lisa Della Casa
오케스트라: The Vienna Phil,Chorus and Orchestra of the Theatre National De L'Opera, 1955.
녹음: Decca, London(LP)

지휘: Ferenc Fricsay
출연: Figaro: Renato Capecchi | Susanna: Irmgard Seefried | Bartolo: Ivan Sardi | Cherubino: Hertha Topper | Count Almaviva: Dietrich Fischer-Dieskau | Countess Almaviva: Maria Stader.
오케스트라: Radio Symphonie-Orchestra Berlin, 1964.
녹음: DG(LP)

헨젤과 그레텔

오페라《헨젤과 그레텔Hansel and Gretel》은 그림 형제의 유명한 동화를 원작으로 하는 만큼 가볍고 유치한 작품일 거라고 생각했다. 크리스마스 시즌에 주로 공연된다는 점도 그런 생각에 힘을 더했다. 선입견 때문에 사실 예약이 썩 내키지 않았고 크게 기대되지도 않았다. 하지만 크리스마스 시즌을 맞아 우연히 관람한 후 생각이 바뀌었다.

첫째, 오페라《헨젤과 그레텔》은 단순히 아이들을 위한 동화가 아니다. 어찌 보면 엽기적이라고 할 만큼 섬뜩한 스토리와 장면들이 후반으로 갈수록 많이 나오기 때문에 어떤 면에선 아이들에게 맞지 않을 수도 있다. 결국 마녀가 두 남매의 꾀에 빠져 죽임을 당한다는 교훈적 결말로 마무리되긴 하지만 아이들을 과자로 만들어 먹는다든지, 마법에서 풀려난 아이들이 불에 타 죽은 마녀의 시체를 먹는다든지 하는 설정은 어른들도 불쾌감을 느낄 만큼 잔혹하다.

둘째, 동화를 소재로 한 가벼운 오페라이긴 하지만 오케스트라 표현과 성악과 오케스트라 간 조화 등 디테일 측면에서의 짜임새는 진중한 느낌마저 든다. 작곡가 엥겔베르트 훔퍼딩크(Engelbert Humperdinck, 1854~1921)가 바그너의 조연출*이었다는 점을 감안하면 충분히 납득할 수 있다.

《헨젤과 그레텔》에는 바그너의 숨결이 느껴지는 부분이 많다. 1막에서 헨젤이 배고픔에 지쳐 우유를 급히 마시다 잔을 깨뜨리는 장면은 《니벨룽의 반지》에서 보탄의 창이 부러지는 장면을 연상시킨다. 2막에서 두 남매가 숲에서 잠들어 꿈꾸는 장면은 《로엔그린*Lohengrin*》과 《파르지팔》에 나오는 장면과 비슷하다. 3막에서 과자가 되었던 아이들이 환생하는 것은 바그너 작품 고유의 구원의 이미지와 연결된다.

마지막으로 《헨젤과 그레텔》의 음악은 작품의 내용과 잘 안 어울린

---

* 후기 작품 《파르지팔*Parsifal*》의 수정 작업에 참여했다고 한다.

다 싶을 만큼 우아하고 아름답다. 오케스트라의 전체적인 톤은 동화의 이미지를 살려 가볍고 톡톡 튀는 분위기지만, 서곡과 2막에서 두 남매가 수호신에게 자신들을 지켜달라고 기도하는 장면에서의 아리아 등은 여느 로맨틱 오페라 못지않게 서정적이다.

   극 내내 헨젤과 그레텔은 곤경에 처할 때마다 수호신의 도움을 요청하지만 끝내 이들을 돕는 것은 신도, 부모도 아닌 바로 그들 자신이다. 그럼에도 불구하고 두 남매가 끝까지 신의 구원에 대한 확신을 버리지 않는다는 점은 상당히 역설적이다. 《헨젤과 그레텔》에는 작곡가 훔퍼딩크가 그토록 흠모했던 바그너의 영향력이 곳곳에 배어 있지만, 그만의 매력, 즉 서정적인 멜로디, 오케스트라로부터 분리된 성악의 우아한 호소력, 어린아이부터 어른까지 거의 전 세대를 아우르는 폭넓은 관객 흡입력 등이 살아 있어 오래도록 사랑받을 오페라라고 생각했다.

   헨젤 역에 메조소프라노 타라 에로트(Tara Erraught), 그레텔 역에 소프라노 리세트 오로페사(Lisette Oropesa), 마녀 역에 테너 게르하르트 시겔(Gerhard Siegel)이 캐스팅되었으며, 비중이 작은 엄마 게르트루트 역은 메조소프라노 돌로라 자직(Dolora Zajick), 아빠 페터 역은 바리톤 퀸 켈시(Quinn Kelsey)가 맡았다. 아무래도 비중이 큰 그레텔 역이 도드라졌는데 오로페사의 톡톡 튀는 소프라노가 인상적이었다. 헨젤 역을 맡은 에로트는 다소 체격이 컸는데, 3막에서 마녀가 헨젤을 보고 더 살을 찌워야 한다며 많이 먹이는 장면이 우스꽝스러울 만큼 의아하게 여겨졌다. 마녀는 보통 메조소프라노가 맡는데 테너 시겔이 표현한 마녀는 짧은 등장에도 불구하고 상당한 존재감이 느껴질 정도로 청중에 어필하는 힘이 강했다.

관람 노트

관람 일시: 2018년 1월 1일 (19:30~21:45)
지휘: Donald Runnicles
감독: Richard Jones
프로그램 노트: Andrew Porter

추천 음반

지휘: Herbert von KARAJAN
출연: Hansel: Elisabeth Grümmer | Gretel: Elisabeth Schwarzkopf | Hexe(Witch): Else Schurhoff
오케스트라: Philharmonia Orchestra, 1953.
녹음: EMI(CD)

토스카

TV나 인터넷은 물론 영화관도 없었던 시대에는 오페라가 오늘날 드라마나 영화처럼 대중을 웃기고 울리는 역할을 했을 것이다. 특히 오페라는 음악이 연극, 문학, 철학 등과 결합되어 높은 예술적 완성도를 추구한다는 점에서 여타 콘텐츠에 비할 수 없을 만큼 복합적이고 예술적인 장르다.

《토스카》를 보면서 정말 영화 같다고 생각했다. 살인·고문·강간·자살·사기·복수 등 온갖 폭력적이고 선정적인 소재가 처음부터 끝까지 계속 나오는데, 가끔은 흠칫 놀랄 정도로 극적인 장면들이 숨 돌릴 틈 없이 전개된다. 오페라 가수는 가수인지 배우인지 구분이 안 될 정도로 많은 연기를 소화해야 한다. 토스카가 스카르피아를 살해하는 2막 마지막 신은 노래보다는 실감 나는 연기가 관건이다. 왜 마리아 칼라스가 역대 최고의 토스카로 알려져 있는지 오페라를 보고 나서야 알았다. 드라마틱한 성악과 연기가 필수적이기 때문에 드라마틱함의 최고봉인 마리아 칼라스가 적역일 수밖에 없는 것이다.

《토스카》는 빅토리앵 사르두(Victorien Sardou, 1831~1908)의 4막 연극 《라 토스카 La Tosca》(1887)를 원작으로 하여 주세페 자코사와 루이지 일리카가 대본을 썼다. 푸치니의 다른 대표작 《라보엠》과 《나비부인》의 대본가이기도 한 이들은 푸치니의 요청으로 대본을 쓰긴 했지만 처음엔 실패를 예견했다고 한다. 원작이 너무 드라마 위주고 등장인물 간 대화가 많아 성악으로 모든 걸 표현해야 하는 오페라로 만들기에 적합하지 않다고 생각했기 때문이다.

특히 2막의 라스트 신*이 센세이셔널했는데, 토스카가 스카르피아를 칼로 찔러 죽이면서(처음엔 배, 두 번째는 잔혹하게 목을 찌른다.) 내뱉는 대사가 당시 가톨릭 문화에서는 도저히 받아들일 수 없을 정도로

---

*   연극에서는 4막 라스트 신.

잔혹했기 때문이다. 그 대사는 이렇다.

"스카르피아, 네 피가 너를 삼키고 있니? 여자한테 죽임을 당하는 꼴이란! 나를 고문할 대로 고문했지. 아직도 내 말이 들리니? 그럼 나를 보고 말해봐! 내가 바로 (네가 그토록 탐내던) 토스카야. 스카르피아, 네 피가 너를 삼키고 있니? 그럼 이제 죽어버려! 죽어, 죽어, 죽어!"

관객, 특히 여성 관객이라면 이 장면에서 일종의 카타르시스를 느낄 수도 있다. 스카르피아가 워낙 악당이다 보니 그의 잔혹한 죽음이 크게 이상하지 않기 때문이다. 이 대목에서 토스카는 전혀 노래 부르지 않는다. 대본 자체가 노래하기 적합하지 않을 뿐 아니라 연기하느라 노래를 부르기도 어렵다. 그래서 소프라노의 평상시 목소리가 흘러나오는데, 관객들은 약간 어리둥절할 수 있다. 성악가의 성악할 때의 목소리와 평소 목소리는 달라도 너무 다르기 때문이다.

오페라 전체를 통틀어 가장 아름다운 아리아 중 하나인 토스카의 〈노래에 살고, 사랑에 살고 Vissi d'arte, vissi d'armore〉가 스카르피아의 위협 앞에서 괴로워하며 부르는 애절한 사랑 노래라면, 노래가 끝난 뒤 바로 이어지는 스카르피아 살해 장면은 그녀의 강인한 복수 의지가 실현된 것이라고 볼 수 있다. 두 파트가 바로 이어지면서 그 대조적인 이미지가 워낙 강하게 부각되기 때문에 토스카의 생명력(사랑을 위한 복수)이 강렬함을 넘어 섬뜩하게까지 느껴진다.

《토스카》는 특히 주옥같은 아리아로 유명하다. 전 세계인들에게 가장 좋아하는 오페라 아리아 순위를 매기라고 하면, 3막에서 카바라도시가 부르는 〈별은 빛나건만 *E lucevan le stelle*〉과 2막에서 토스카가 부르는 〈노래에 살고, 사랑에 살고〉가 상위에 위치할 가능성이 아주 높다. 이밖에도 1막에서 카바라도시가 성당에서 그림을 그리며 토스카에 대한 사랑을 노래하는 〈색칠해주세요! *Dammi i colari!*〉와 토스카와 카바라도시가 서로에 대한 사랑을 확인하며 부르는 듀엣 〈마리오! 마리오! 마리오!*Mario! Mario! Mario!*〉 모두 푸치니 특유의 풍부하고 호소력 있으며 귀에 쏙쏙 들어오는, 선율이 강한 아리아들이다.

특히 1막이 끝난 뒤 나오는 스카르피아의 아리아 〈경관 세 명, 마차 한 대 *Tre sbirri, Una carrozza*〉는 엄청난 카리스마로 관객들을 압도한다. 스카르피아는 질투심 많은 토스카의 성격을 이용하고자 한다. 토스카가 카바라도시의 외도를 의심하게끔 만들어 자신에게 굴복시키려는 것이다. 스카르피아의 교활함과 음흉함이 극에 달하여, 마치 악마가 어둠을 지배하듯 극장 전체를 음험한 욕정의 도가니로 몰아넣는다. 많은 악역이 있지만 《토스카》의 스카르피아처럼 오페라의 성패를 좌우할 만큼 중요한 악역은 많지 않다. 그만큼 스카르피아의 무게감은 큰데, 마치 카바라도시가 조연이고 2막에서 죽어 3막에는 나오지도 않는 스카르피아가 토스카의 상대역처럼 느껴질 만큼 압도적이다.

《토스카》의 오케스트라 음악은 여느 다른 오페라보다 음향효과가 훨씬 크게 느껴진다. 마치 영화의 배경음악처럼 오르간, 드럼, 벨 등 다양한 악기를 이용했다. 각 장면들의 전개에 맞게 음악과 음향을 혼합하여 극적 효과는 극대화된다. 대표적으로 1막 마지막 스카르피아 독백 신에서, 벨과 대포 소리가 일정 주기로 반복되면서 스카르피아의 욕정과 음험함이 점점 증폭되는 듯한 느낌을 준다. 이는 관객들로 하여금 악당의 위력이 계속 커지는 것을 느끼고 2막에서 펼쳐질 비극을 예감하며 몸서리치듯 전율하게 한다.

푸치니의 오페라는 신화도, 동화도, 가상의 세계도 아닌 주변에 있을 만한 소재들을 발굴하여 사실적으로 묘사함으로써 관객을 동화시키는 힘이 강하다. 《토스카》에서도 마찬가지다. 타이틀 롤 토스카 역에 소프라노 제니퍼 로울리(Jennifer Rowley), 카바라도시 역에 테너 비토리오 그리골로, 스카르피아 역에 바리톤 젤리코 루치치가 열연하였다. 제니퍼 로울리의 토스카는 메트로폴리탄 오페라단의 인기 소프라노 소냐 욘체바에 결코 뒤지지 않을 정도로 힘 있고 정열적이었다. 오페라 《베르테르》에서 열연하였던 비토리오 그리골로 역시 메트로폴리탄 오페라단의 주전 테너답게 특유의 미성과 열정적인 연기로 이상주

의자 카바라도시 캐릭터를 훌륭히 소화해냈다. 젤리코 루치치는 《토스카》에서 가장 중요한 역이라 할 수 있는 스카르피아를 카리스마 있게 연기하였다. 그러나 루치치는 스카르피아를 교활하고 음험하기보다는 진중하고 집요한 캐릭터로 해석한 듯했다. 그래서인지 극의 긴장감을 극도로 높이지는 못하였다.

관람 노트
관람 일시: 2018년 1월 12일 (20:00~10:55)
지휘: Emmanuel Villaume
감독: David McVicar
프로그램 노트: Carolyn Abbate and Roger Parker

추천 음반
지휘: Victor De SABATA
출연: Tosca: Maria Callas | Cavaradossi: Giuseppe di Stefano | Scarpia: Tito Gobbi
오케스트라: Teatro alla SCALA di Milano, 1953.
녹음: EMI(LP)

카발렐리아 루스티카나 & 팔리아치

《카발렐리아 루스티카나*》(1890)와 《팔리아치 *Pagliacci***》(1892)는 서로 완전히 상관없는 오페라다. 하지만 단막 오페라인 《카발렐리아 루스티카나》와 2막 오페라인 《팔리아치》의 공연 시간이 둘 다 한 시간 내외로 짧으며 거의 비슷한 시기에 만들어졌다는 점, 남부 이탈리아

---

*   '시골 청년'이라는 뜻이다.
** '광대들'이라는 뜻이다.

마을을 배경으로 한 사실극(versimo)이라는 공통점 때문에 같이 공연되는 경우가 많다. 같은 가수가 두 작품의 타이틀 롤을 이중으로 맡기도 한다.

《카발렐리아 루스티카나》와 《팔리아치》가 같이 공연되기 시작한 건 1893년 12월 22일 메트로폴리탄 오페라에서가 처음이라고 한다. 이외에도 공연 시간이 짧은 두 오페라를 조합하여 선보이는 경우*가 있다. 하지만 이 두 오페라의 조합이 가장 보편적으로 굳어져 있다.

《카발렐리아 루스티카나》는 매우 서정적인 전주곡과 간주곡으로 유명한 오페라다. 누구든 들으면 알 수 있을 정도로 귀에 익숙하다. 영화나 드라마 등의 배경음악에서 듣고 어디서 나오는 음악인지 궁금해하다 《카발렐리아 루스티카나》라는 오페라의 간주곡이라는 사실을 알고 놀랐던 경험이 있다. 멜로디가 무척 아름다워서 듣고 있노라면 가슴이 찡해오고 성스러운 기분까지 드는데, 오페라를 보고서야 그 이유를 알 수 있었다.

《카발렐리아 루스티카나》의 스토리는 일상에서 흔히 찾아볼 수 있는 통속적인 삼각관계 그 자체다. 하지만 부활절 하루를 시간적 배경으로 하고 있어, 중간중간 예수님의 부활을 찬양하는 마을 행사 등

---

*   가령 《팔리아치》와 《헨젤과 그레텔》 조합 등.

성스러운 장면들이 많이 나온다. 또한 스토리의 중심인 산투자와 투리두의 사랑은 비록 비극으로 끝나긴 하지만 투리두가 죽기 직전 어머니에게 산투자를 부탁하는 등 결국 잘못을 뉘우치고 구원받는다는 내용을 암시하고 있다. 이로써 극은 단순한 치정 드라마를 넘어 성스러운 영역으로까지 끌어 올려진다.

마스카니(Pietro Mascagni, 1863~1945)는 밀란 음악원에서 푸치니와 룸메이트로 수학하면서 친분을 쌓았다고 한다. 세상에 유명세를 떨친 건 마스카니가 먼저였다. 가난에 찌든 젊은 예술가 마스카니는 오페라 콘테스트에서 우승하는 길만이 유일한 성공의 열쇠라고 생각했다. 그리고《카발렐리아 루스티카나》로 밀란에서 열린 단막극 콘테스트에서 우승한다. 푸치니도 같은 콘테스트에 참여했던 것으로 전해지는데, 아마 결과는 신통치 않았던 모양이다.

《카발렐리아 루스티카나》는 조반니 베르가(Giovanni Verga, 1840~1922)의 소설을 조반니 타르조니 토제(Giovanni Targioni-Tozzetti, 1863~1934)와 귀도 메나스치(Guido Menasci, 1867~1925)가 오페라 대본으로 만들고 마스카니가 4개월 만에 곡을 완성하였다고 한다. 《카발렐리아 루스티카나》는 콘테스트 우승작으로서 공연을 보장받고 1890년 5월 로마에서 초연했다. 유례 없는 대성공이었다. 이로써 마스카니는 일약 베르디를 잇는 전도양양한 이탈리아 대표 오페라 작곡가로 인정받게 된다. 당시 그의 나이는 26세였다. 그러나 너무 이른 성공의 저주 때문인지 그 후 그가 쓴 다른 작품들은 크게 주목받지 못하고 잊혔다.

《카발렐리아 루스티카나》는 서곡, 간주곡 등 오케스트라가 뛰어난 작품이지만 코러스와 보컬 또한 그에 못지않다. 부활절 축제 때 마을 사람들이 행진하는 장면에서 여주인공 산투자가 부르는 솔로 〈어머니도 아시다시피 Voi lo sapete〉는 소프라노나 메조소프라노라면 누구나 도전하고 싶어 할 만큼 어렵고 매력적인 노래다. 솔로가 코러스를 이끌고 서로 조화를 이루어야 해서 가창력이 부족하면 그냥 묻혀버리기 쉽다. 마지막에 투리두가 결투를 앞두고 자신의 죽음을 예감하며 어머니와 작별하는 〈어머니, 이 술은 독하군요 Mamma, quel vino e generoso〉는 애절한 테너 그 자체다. 중간에 투리두가 산투자의 일방적인 애정 공세를 뿌리치며 부르는 듀엣 역시 하모니가 매우 아름답다. 멀리서부터 들려오는 테너의 세레나데로 오프닝을 여는 것은 후에 뮤지컬 등에서 자주 차용하는 보편적인 기법으로 자리매김한다. 음악이나 성악이 지나치게 단조롭다는 비평도 있지만 오히려 사실주의적 표현에 부합한다는 점에서 높은 평가를 받기도 한다.

타이틀 롤은 여주인공 산투자 역에 메조소프라노 예카테리나 세멘트츄크, 투리두 역에 테너 로베르토 알라냐(Roberto Alagna), 투리두와 대결하는 로라의 남편 알피오 역에 바리톤 조지 가그니제(George Gagnidze)가 열연하였다. 세멘트츄크는 코러스에 압도당하지 않을 만큼 힘 있는 메조소프라노로 극을 주도하면서 비련의 산투자 역을 무게감 있게 소화하였다. 알라냐는 노련한 연기와 열정적인 미성이 흔들리는 투리두에 적역이었다. 가그니제 역시 강렬한 인상을 남겼는데 워낙 짧은 단막극이라 조연들의 역할이 크게 와닿지는 않았다.

《팔리아치》는 극단장인 주인공 카니오가 아내 네다의 불륜을 알게 되어 절망한 가운데서 어쩔 수 없이 희극 공연을 올리게 되며 벌어지는 이야기를 다루었다. 극중극 형식의 충격적인 치정 오페라다. 극 중 관객들은 그의 공연이 단순히 연극인 줄 알지만 오페라 관객들은 팔리아치의 내면(비극)과 외면(희극)이 엇갈려 고통에 빠져 있음을 알고 있다. 극 중 팔리아치는 함께 희극을 공연하고 있는 아내 네다의 불륜(극중극 연극의 스토리가 실제와 같다)을 추궁하다 그녀와 그녀의 애인 실비오를 살해하고 만다.

2막으로 이루어진 짧은 오페라지만 대본이 워낙 짜임새 있어 시작하자마자 관객들은 순식간에 빨려든다. 오케스트라 음악이 강렬한 《카발렐리아 루스티카나》와는 달리 《팔리아치》는 대본과 성악 위주의 오페라다. 보통 오케스트라 서곡으로 시작하는 여느 오페라와 달리 극 중 인물 토니오의 프롤로그로 시작하는 점이나, 오페라 중 연극이 2막을 통째로 차지하고 있는 점 등을 보아 오페라보다는 노래하는 연극에 가깝다고 말할 수 있다. 8월 15일 성모 마리아 축일 하루를 시간적 배경으로 하고 있는 점 등은 《카발렐리아 루스티카나》와 많이 닮았다.

작곡가 루제로 레온카발로(Ruggero Leoncavallo, 1857~1919)는 마스카니보다 여섯 살 연상이다. 마스카니가 《카발렐리아 루스티카나》로 성공하는 것을 지켜보며 자극을 받아 《팔리아치》를 만들게 되었다고 한다. 열렬한 바그너 숭배자로 알려졌으며 작곡뿐 아니라 시와 작사에도 능해 바그너처럼 본인이 직접 오페라 대본을 쓴 것으로 유명하다.

《팔리아치》는 어린 시절 그가 실제로 겪은 이야기를 소재로 한 것으로 알려져 있으나 사실 여부는 불분명하다. 《카발렐리아 루스티카나》가 대성공을 거둔 지 2년 뒤인 1892년 초연되었으며, 초기 반응은 그리 열광적이지 않았다. 하지만 점차 이탈리아뿐 아니라 독일, 오스트리아 등지에서 흥행하며 《카발렐리아 루스티카나》 못지않게 대성공한 오페라의 반열에 올랐다. 레온카발로 역시 35세의 젊은 나이에 《팔리아치》로 대성공을 이룬 후 이렇다 할 작품을 남기지 못했다. 이 점이 마스카니와 많이 닮았다.

1막 마지막에 주인공 카니오가 아내의 불륜을 알고 난 후 절망 속에서도 광대 역을 공연해야 하는 자신의 처지를 비관하며 부르는 아리아 〈의상을 입어라!*Vesti la giubba!*〉는 너무도 유명하다. 카루소의 대표 아리아이기도 한 이 곡이 레코드 역사상 최초의 밀리언셀러였다는 사실만으로도 그 유명세를 짐작할 수 있다. 집에서 LP로 들을 때는 그저 그랬는데, 직접 극장에서 들으니 그 애절한 감동이 정말 특별하게 다가왔다. 마음으로는 울고 있는데 웃을 수밖에 없는 주인공의 이중적인 고통이 듣는 이의 마음을 아프게 찌르는 슬픔으로 다가온다. 당시 왜 밀리언셀러가 되었는지, 어떻게 이 아리아가 카루소의 대표곡이 되었는지 바로 이해할 수 있다.

극 중 비중이 큰 네다가 부르는 아리아 역시 아름답다. 특히 〈하늘

높이 자유롭게 Stridono lassu〉는 사실극에서도 아름다운 솔로가 가능하다는 것을 보여준다. 《카발렐리아 루스티카나》만큼 유명하지는 않지만 《팔리아치》 역시 서정적인 간주곡이 매우 아름답다.

테너 로베르토 알라냐가 남자 주인공 카니오 역과 《카발렐리아 루스티카나》의 투리두 역에 동시 캐스팅되었다. 네다 역은 소프라노 알렉산드라 쿠르작(Aleksandra Kurzak)이 맡았다. 바리톤 조지 가그니제가 토니오 역과 《카발렐리아 루스티카나》의 알피오 역에 동시 캐스팅되었다. 개인적으로 카니오 역 알라냐의 가슴을 찢는 아리아와 열연이 《카발렐리아 루스티카나》에서의 모습보다 더 가슴에 와닿았다. 쿠르작은 요염한 네다 역을 너무 선정적이지 않나 싶을 만큼 정확히 소화하여 강렬한 인상을 남겼으며, 가그니제도 비열한 꼽추 광대 토니오의 이미지를 유머러스하게 표현하였다.

MASCAGNI / LEONCAVALLO

WARNER CLASSICS

Cavalleria rusticana

VICTORIA DE LOS ANGELES
FRANCO CORELLI
Orchestra e Coro del Teatro dell'Opera di Roma

GABRIELE SANTINI

Pagliacci

FRANCO CORELLI
TITO GOBBI
LUCINE AMARA
Orchestra e Coro del Teatro alla Scala, Milano

Orchestra e Coro del TEATRO ALLA SCALA di Milano
LOVRO VON MATAČIĆ

관람 노트
관람 일시: 2018년 1월 20일 (13:00~16:05)
지휘: Nicola Luisotti
감독: David McVicar
프로그램 노트: Janet E. Bedell

추천 음반
지휘: Gabriele SANTINI
출연: Santuzza: Victoria De Los Angeles | Turiddu: Franco Corelli | Alfio: Mario Sereni | Lola: Adriana Lazzarini
오케스트라: Orchestra and Chorus of the Opera House, ROME, 1963.
녹음: Angel(LP)

사랑의 묘약

아름다운 테너 아리아 〈남몰래 흘리는 눈물Una furtiva lagrima〉로 유명한 오페라《사랑의 묘약》은 한마디로 유쾌하다. 가벼운 희가극에 속하지만 다소 진중한 면도 있어 단순한 희극의 범위는 조금 벗어난다. 이 오페라가 유명한 또 다른 이유는 불세출의 테너 엔리코 카루소가 세계적 명성을 얻는 출발점이 되었기 때문이다.

그는 1901년 라 스칼라에서《사랑의 묘약》의 주인공 네모리노로 크게 히트 치면서 세계적인 테너의 반열에 올랐다. 1903년 메트로폴리탄 오페라 데뷔 후 32회나 네모리노를 공연하였고, 1920년 브루클린 뮤직 아카데미에서 피를 토하며 쓰러졌을 때(과로로 인한 늑막염 때문인 것으로 추정된다.) 공연하던 마지막 오페라도 《사랑의 묘약》이었다.

도니체티는 《사랑의 묘약》과 함께 《람메르무어의 루치아Lucia di Lammemoor》《돈 파스쾰레Don Paquale》《안나 볼레나》 등 다수의 작품으로 지금까지 사랑받고 있는 19세기 초 이탈리아 벨칸토 오페라의 대표 작곡가다. 짧은 생애였지만 60편이 넘는 오페라와 다수의 오케스트라, 실내악 등을 작곡한 다작가로, 그가 정신병을 겪었던 것까지 생각하면 실로 천재적인 오페라 작곡가라 하지 않을 수 없다.

대본은 펠리체 로마니가 썼는데, 프랑스 극작가 외젠 스크리브(Eugene Scribe, 1791~1861)가 쓴 《미약Le Philtre》의 대본을 이탈리아풍으로 각색하여 만들었다고 한다. 다작가였던 로마니는 불과 8일 만에 《사랑의 묘약》의 대본을 완성했다고 한다. 마찬가지로 다작가였던 도니체티도 불과 4주 만에 곡을 만든 것으로 알려져 있는데, 이 사실이 《사랑의 묘약》의 완성도가 그리 높지 못하다는 비평의 단초가 되기도 한다. 하지만 그 시절 극이 빠르게 완성될 수 있었던 건 오페라 희극의 경우 어느 정도 틀이 정해져 있어 그 틀에 미리 작곡해둔 곡들을 끼워 맞추는 식으로 극을 만들었기 때문이라는 주장도 있다.

주인공들의 이름도 재미있다. 여주인공 아디나(Adina)는 히브리어로 '사랑스러운', 벨코어(Balcore)와 둘카마라(Dulcamara)는 이탈리아어로 각각 '잘생긴' '씁쓸하면서도 달콤한', 남주인공 네모리노(Nemorino)는 라틴어 Nemo(Little Nobody)에서 따와 '지극히 평범한 남자'를 의미한다.

《사랑의 묘약》의 음악이 오랜 세월 대중적인 인기를 유지할 수 있었던 건 무엇보다 아리아나 듀엣의 멜로디가 탁월하기 때문이다. 극 초반 베이스 둘카마라가 부르는 〈들어봐요, 들어봐요, 시골 양반들 Udite, udite, o rustici〉은 유쾌하면서도 매력적이어서 사기꾼 둘카마라가 사랑스럽게 느껴지기까지 한다. 2막에서 둘카마라가 여주인공인 시골 처녀 아디나와 함께 부르는 듀엣이나 극의 곳곳에 나오는 음흉하지만 속이 뻔히 보이는 유혹의 노래들은 유쾌한 힘을 지니고 있어 극 전체를 활기 있게 이끌어간다. 1막에서 주인공 네모리노가 부르는 아리아 〈아디나, 믿어줘요 Adina, credimi〉는 아디나에 대한 그의 사랑을 암시하고, 2막의 유명한 아리아 〈남몰래 흐르는 눈물 Una furtiva lagrima〉은 아름다운 멜로디 그 이상의 깊은 감동을 전해준다. 메이저와 마이너 키가 교차하는 클라이맥스는 아디나에 대한 사랑이 단순한 희망을 넘어 확신에 이르는 네모리노의 심정 변화를 잘 묘사해준다.

타이틀 롤 네모리노 역은 테너 매튜 폴렌자니가 순박한 로맨티스트 역을 무리 없이 소화하였으나 하이라이트인 2막 〈남몰래 흐르는 눈물〉을 너무 읊조리듯 노래하여 약간 실망스러웠다. 반면 극을 이끌어가는 중심인물 둘카마라 역의 베이스 일데브란도 다르칸젤로(Ildebrando D'Arcangelo)는 익살맞으면서도 점중하고 교활하면서도 귀여운 둘카마라를 카리스마 있게 표현하여 관객의 주목을 한껏 모았다. 이 외에 소프라노 프리티 옌데가 경쾌하고 발랄한 아디나를 멋지게 소화하였으며, 벨코어 역의 바리톤 다비드 루차노(Davide Luciano)는 배역의 비중이 떨어져서인지 그리 주목할 만한 노래와 연기를 보여주진 못하였다.

관람 노트
관람 일시: 2018년 1월 31일 (19:30~22:10)
지휘: Domingo Hindoyan
감독: Bartlett Sher
프로그램 노트: Cori Ellison

추천 음반
지휘: James Levine
출연: Adina: Kathleen Battle | Nemorino: Luciano Pavarotti | Belcore: Juan Pons | Dr. Dulcamara : Enzo Dara
오케스트라: Metropolitan Opera Orchestra and Chorus, 1991.
녹음: DGCD)

일 트로바토레

 19세기 초 스페인, 어느 집시 여인이 마녀로 몰려 화형당하는 사건이 발생한다. 그녀가 루나 백작의 어린 동생을 쳐다본 뒤에 아기가 시름시름 앓기 시작했다는 것이다. 죽은 집시 여인의 딸 아주체나는 억울하게 죽은 어머니의 복수를 위해 백작의 동생을 납치하여 불구덩이에 던져버리는데, 실수로 백작의 동생이 아니라 자신의 아기를 죽였다는 것을 나중에 알게 된다. 아주체나는 미친 듯 절규하다 결국 백작의 동생을 아들 대신 키운다. 집시의 아들로 자란 만리코는 훌륭히 성장하여 백작을 위협하는 반항군의 수장이 된다.

이후 만리코와 루나 백작은 여왕의 시중을 드는 귀족 처녀 레오노라를 동시에 사랑하게 되는데, 레오노라는 음유 기사인 만리코에게 반해 목숨을 걸고 그를 사랑한다. 루나 백작은 연적 만리코와 전투하던 중 우연히 아주체나를 사로잡게 된다. 루나 백작과 그의 수하 기사 페르난도는 그녀가 과거 백작의 어린 동생을 불구덩이에 던졌던 집시임을 알아차리고 죽이려 한다.

만리코는 어머니 아주체나를 구하기 위해 위험을 무릅쓰고 달려오지만 결국 붙잡히고 만다. 레오노라는 자신을 바쳐 그를 구해내려 하지만 루나 백작은 질투심에 눈이 멀어 만리코를 죽인다. 그 순간 아주체나는 만리코가 루나 백작의 동생이라는 사실을 밝히며 "복수는 이루어졌다!"라고 절규한다. 그렇게 막이 내린다.

줄거리만 간단히 살펴보아도 《일 트로바토레》가 얼마나 강렬한 스토리 라인을 가진 오페라인지 알 수 있다. 참혹하고 광적인 서스펜스물 복수극이라 할 수 있는데 이처럼 끔찍한 내용을 담은 오페라가 그처럼 서정적이고 열정적인 아리아와 코러스를 가지고 있다는 사실이 꽤나 아이러니하다. 2막에서 대장장이들이 부르는 앤빌 코러스(Anvil chorus)에서는 배우들이 판대에 모루를 내려치는 소리가 오케스트라와 조화되어 강렬한 비트로 어우러지는 효과가 매우 인상적이다. 2막에서 바리톤 루나 백작의 로맨스 〈그녀의 빛나는 미소는 *Il balen del suo sorriso*〉, 4막에서 테너 만리코가 부르는 로맨스 〈아, 그대는 나의 사랑 *Ah, si, ben mio*〉, 4막에서 소프라노 레오노라가 부르는 〈사랑은 장밋빛 날개를 타고 *D'amor sull'ali rosee*〉같이 서정적으로 아름다운 아리아가 넘치는가 하면, 2막에서 메조소프라노 아주체나가 부르는 〈불꽃은 타오르고 *Stride la vampa*〉와 같이 변칙적이며 열정적인 느낌을 주는 음악이 많아 관객들이 흥미진진하게 극에 몰입할 수 있다.

서스펜스물이라는 특성상 《일 트로바토레》의 음악은 매우 불규칙적이고 격정적이며 거칠다. 리듬이 강하고 2막의 앤빌 코러스같이 다양한 기구를 이용한 실험적인 시도가 많다. 네 명의 주인공이 부르는 곡들도 하나같이 변화가 많고 섬세하며 음역이 광대하여 표현하기 매우 어렵다. 비극적인 내용을 표현하기 위해 대부분의 아리아가 마이너 키를 따르고 있고, 같은 인물이 부르는 곡이어도 템포나 성격이 순식간에 달라지는 경우가 많아 표현력이 다이내믹한 성악가가 아니라면 배역을 감당하기 어렵다.

예를 들어 4막에서 소프라노 레오노라는 감미로운 사랑의 아리아 〈사랑은 장밋빛 날개를 타고〉를 부른 후 바로 격정적인 〈불쌍히 여기소서 *Miserere*〉를 부른다. 3막에서 테너 만리코는 부드럽고 로맨틱한 〈아, 그대는 나의 사랑〉을 부른 뒤에 곧바로 〈타오르는 불길이여 *Di quella pira*〉를 부르며 힘차게 군대를 소집한다. 위대한 테너 엔리코 카루소가 "《일 트로바토레》는 세계에서 가장 뛰어난 성악가 네 명을 확보하지 않고서는 성공할 수 없다."라고 말한 것만 보아도 그 배역을 소화하기가 얼마나 어려운지 알 수 있다.

만리코가 아름다운 하프 선율 속에서 멀리서부터 점점 가까이 다가오며 부르는 사랑 노래 〈레오노라, 안녕Leonora, addio〉은 아름다운 선율뿐 아니라 실험적인 무대 기법으로 주목받았다. 후에 많은 오페라가 같은 방식을 차용한다.

베르디는 극의 실마리를 풀어가는 집시 아주체나 역에 특히 매료되었다고 한다. 처음에 극의 제목을 《집시La Zingara》로 하려고 한 것만 보아도 알 수 있다. 베르디는 아주체나를 '비운한 과거 때문에 미쳐버린 더러운 집시 여인'이라는 설정을 넘어 명료함과 불분명함, 기억과 현재, 이성과 충동의 경계선 상에 존재하는 미묘하고 신비로운 배역으로 해석했다고 한다. 평론가 잭 설리번(Jack Sullivan)은 베르디가 대본가 캄마라노(Salvadore Cammarano, 1801~1852)와의 대화에서 '그녀를 미친 존재보다는 과거와 주변 상황으로 인해 억눌린 존재로 보아야 한다'고 이야기한 사실이 이를 뒷받침한다고 주장한다.

메트로폴리탄 오페라에서 주목받는 소프라노 중 한 명인 제니퍼 로울리가 타이틀 롤 레오노라를 노래하였다. 무거운 울림을 가진 그녀의 힘 있는 소프라노는 토스카를 노래했을 때와 완전히 다른 느낌을 주었다. 중심인물 아주체나 역은 메조소프라노 아니타 라흐벨리쉬빌리(Anita Rachvelishvili)가 신비롭고 열정적이며 광기 어린 캐릭터를 잘 표현하였다.

이번 공연에는 특별히 중심 배역에 한국인 성악가 두 명이 캐스팅되었다. 바로 주인공 만리코 역의 테너 이용훈과 페르난도 역의 베이스 연광철이다. 우리나라 성악가가 메트로폴리탄 오페라의 주인공을 맡았다는 데서 무한한 자부심을 느꼈다. 특히 이용훈은 맑고 서정적인 음색에 넓은 음역과 박력까지 갖추어 세계적 테너 그룹에서 이미 앞서가고 있다는 확신을 주었다.

비운의 루나 백작 역은 바리톤 루카 살시(Luca Salsi)가 노래하였다. 카리스마가 다소 부족하였지만 만리코에 대한 질투와 성급함으로 눈이 흐려진 루나 백작 역을 연기하는 데 부족함이 없었다.

관람 노트
관람 일시: 2018년 2월 9일 (19:30~22:20)
지휘: Marco Armiliato
감독: David McVicar
프로그램 노트: Jack Sullivan

추천 음반
지휘: Richard BONYNGE
출연: Manrico: Luciano Pavarotti | Leonora: Joan Sutherland | Azucena: Marilyn Horne | Count di Luna: Ingvar Wixell
오케스트라: National Philharmonic Orchestra, 1977.
녹음: London(LP)

파르지팔

《파르지팔》은 바그너의 마지막 작품으로 알려져 있으나, 만들어지기 시작한 건 그의 대표작《니벨룽의 반지》가 시작되기 전인 1845년 무렵이다. 바그너는 이 작품을 32세에 만들기 시작해서 죽기 1년 전인 1882년 69세에 완성했다. 물론 중간중간 다른 작품을 만드는 동안에는 작업이 중단되었지만, 장장 37년이 걸린 대작이다. 거의 그의 전 생애에 걸친 음악과 사상이 녹아 있다는 사실만은 틀림없다.

오페라《파르지팔》은 13세기 초 볼프람 폰 에셴바흐(Wolfram von

Eschenbach, 1170~1220)가 쓴 기사 로맨스 소설 『파르지팔Parzival』을 모태로 한다. 예수의 성배를 지키는 중세기사단과 이를 빼앗으려는 어둠의 세력 간의 다툼, 그리고 홀연히 나타나 종국엔 어둠의 세력을 제압하고 상처 입은 중세기사단을 부활시키는 순수한 영웅('영혼이 순수한 바보'라는 의미의 파르지팔로 명명된다.)의 이야기를 담고 있다. 어둠의 세력으로부터 중세기사단과 성배를 지킬 수 있는 존재는 '순수한 영혼을 가진 바보(무지한 자)'일 것이라는 예언에 따라, 자신의 이름조차 모르는 순백의 청년 파르지팔이 구원의 기사가 되어 성배와 중세기사단을 지키고 마법의 세력을 물리친다는 내용을 골격으로 하고 있다.

매우 대중적인 소설의 전형을 스토리 라인으로 하고 있는 셈인데, 내용의 모티프는 볼프람의 소설에서 차용했으나 대본은 소설과 완전히 다르다. 바그너는 특히 어둠과 빛의 세계를 매개하는 신비로운 존재인 쿤드리라는 인물을 통해 대단히 복잡미묘하고 상징적, 종교·철학적인, 완전히 다른 극을 창조해냈다. 바그너는 《파르지팔》을 다른 전통적 오페라와는 달리 하나의 음악극, 즉 '무대의 신성(神聖)을 고양하는 축제극*'으로 명명했다.

바그너 사후에는 그와 가족의 뜻에 따라 오직 독일 바이로이트 극장에서만 공연되었다. 1903년에 와서야 독일 저작권의 간섭을 받지

---

*   festival play for the consecration of a stage, "Buhnenweihfestspiel".

않는 미국 메트로폴리탄 극장에서 최초로 공연되었다고 한다.

　니체는 바그너가 스위스에 망명해 살던 당시 처음 만났을 때부터 그를 숭배했다고 한다. 그런 그가 말년에 반바그너주의자(anti-Wagnerian)로 돌아선 결정적인 계기가 《파르지팔》이라는 데에는 평론가들 사이에 이견이 없다. 신의 존재를 부정하였던 니체는 《파르지팔》의 대본을 보고 '십자가 아래 무릎 꿇고 흐느끼는 바그너'라고 묘사하면서 절교했다고 한다. 그러나 바그너가 《파르지팔》을 통해 신성을 인정한 것은 사실이지만 신성을 찬양하는 친기독교 성향을 보였는가를 놓고는 아직 논란이 있다.

　워낙 복잡하고 심오하다 보니 다양한 해석이 가능한 것도 사실이다. 《파르지팔》에는 기독교를 상징하는 많은 소재(성배, 창, 창에 찔린 상처 등)가 등장하나 예수나 기독교를 직접적으로 언급하는 내용은 없다. 하지만 《파르지팔》을 두고 기독교를 가장한 신성모독이라거나, 공공연히 우상숭배를 지지하는 내용이라거나, 극단적인 여성혐오라거나, 자각에 의한 구원을 노래하는 다분히 불교 지향적인 드라마라거나 하는 등의 다양한 해석이 존재한다. 니체는 이와 같은 복잡 모호함이 여러 사람에게 다양한 해석을 낳는 수준을 넘어 심지어는 같은 사람에게도 상충적인 반응을 일으킬 수 있다고 말했다.

바그너의 마지막 작품이며 긴 시간에 걸쳐 만들어진 만큼《파르지팔》에는 바그너 전작들의 이미지가 많이 투영되어 있다. 우선 순수한 영혼을 가진 구원자 파르지팔은《니벨룽의 반지》의 두려움 없는 젊은 영웅 지크프리트를 연상시킨다. 어둠의 지배자 클링조르는 세상을 지배하려는 욕심에 가득 찬 알베리히에 비유된다. 십자가 앞에서 불경했다는 죄목으로 마법에 걸려 평생 죽지 못하고 방황하는 쿤드리는 마치 여성판《방황하는 네덜란드인》의 선장을 연상시키는가 하면, 파르지팔을 유혹하는 모습은 탄호이저를 유혹하는 베누스와도 닮았다.

《파르지팔》은 오케스트라 음악, 특히 한껏 고양된 신성을 느끼게 하는 전주곡이 매우 유명하다. (오래전 〈장학퀴즈〉라는 TV 프로그램의 배경음악으로도 쓰였다.) 막이 시작될 때 연주되는 전주곡을 듣고 있노라면 한없는 심연의 세계로 몰입하는 기분이다. 1막에서 중세기사단이 성배를 꺼내 의식을 올리는 장면의 코러스와 2막에서 파르지팔을 유혹하는 꽃의 처녀들의 코러스와 군무가 압도적이다. 2막에서 쿤드리가 신성을 모독한 자신의 잘못을 회상하며 부르는 격정적인 아리아도 매우 인상 깊다.

프랑수아 지라드(Francois Girard)가 연출을, 야닉 네제 세겐(Yannick Nezet-Seguin)이 음악을 맡았다. 타이틀 롤 파르지팔에 테너 클라우스 플로리안 보그트, 현명한 노기사 구르네만츠 역에 베이스 르네 파페(Rene Pape), 기사단의 수장 암포르타스 역에 바리톤 페테르 마테이, 어둠의 지배자 클링조르 역에 베이스-바리톤 예브게니 니키틴(Evgeny Nikitin), 신비한 매개자 쿤드리 역에 소프라노 에벨린 헤를리치우스(Evelyn Herlitzius)가 캐스팅되어 열연했다.

  보그트는 순수하면서도 거대한 잠재력이 있는 파르지팔을 미성의 테너로 깊이 있게 표현하였고, 처음부터 마지막까지 극의 흐름을 주도하는 구르네만츠 역의 파페는 지성적인 바리톤의 매력을 뽐냈다. 마테이는 절망 속에서도 희망을 잃지 않는 열정적인 암포르타스를 특유의 카리스마로 존재감 있게 표현하였다. 니키틴 역시 음험한 어둠의 지배자 클링조르에 잘 어울렸으나 외모에 비해 보컬의 위압이 다소 부족하게 느껴졌다. 헤를리치우스는 메조소프라노로 착각할 만큼 넓고 깊은 음역과 힘 있는 성악을 들려주었는데, 외모 또한 섹시하면서 어딘가 신비로운 마성을 지닌 쿤드리를 절묘하게 묘사하였다.

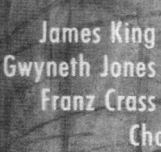

관람 노트
관람 일시: 2018년 2월 10일
 (19:00~00:35)
지휘: Yannick Nezet-Seguin
감독: Francois Girard
프로그램 노트: Thomas May

추천 음반
지휘: Hans KNAPPERTSBUSCH
연출: Wieland Wagner(Richard Wagner의 손자)
출연: Parsifal: Jess Thomas | Amfortas: George London | Gurnemanz: Hans Hotter | Klingsor: Gustav Neidlinger | Titurel: Martti Talvela | Kundry: Irene Dalis
오케스트라: Chorus and Orchestra of the Bayreuth Festival, 1962.
녹음: Phillips(LP)

지휘: Pierre BOULEZ
연출: Dr. Hans Hirsch
출연: Parsifal: James King | Amfortas: Thomas Stewart | Gurnemanz: Franz Crass | Klingsor: Donald McIntyre | Titurel: Karl Ridderbusch | Kundry: Gwyneth Jones
오케스트라: Chorus and Orchestra of the Bayreuth Festival, 1970.
녹음: DG(CD)

라보엠

거의 모든 오페라가 사랑을 주제로 하고 있지만《라보엠》만큼 사랑과 관련된 모든 감정이 생생하게 전해지는 오페라도 없을 것이다. 많은 이유가 있겠지만 우선 푸치니의 아름다운 멜로디가 마치 대화하듯 계속 이어지면서 로돌포와 미미의 사랑을 생생하게 묘사하는 힘이 크다. 또한 평범한 소시민들의 삶과 사랑을 그려서인지 마치 우리 이웃의 이야기처럼 가깝게 느껴진다.

오페라는 전주곡 없이 바로 시작한다. 극은 가난한 시인 로돌포와

화가 마르첼로가 크리스마스이브를 맞아 벽난로에 불을 지피려고 로돌포가 글을 쓰다 만 종이 뭉치를 아궁이에 집어넣는 장면으로 시작하여 빠르게 전개된다. 친구들이 저녁을 먹으러 나가고 로돌포가 혼자 있는 사이 이웃에 사는 미미가 양초 불을 빌리러 찾아온다. 둘은 첫눈에 사랑을 느끼고 서로를 소개한다. 이때 로돌포의 아리아 〈그대의 찬 손 Che gelida manina〉과 미미의 아리아 〈내 이름은 미미 Si, mi chiamano Mimi〉가 연이어 터지는데, 관객들은 그 아름다운 선율에 그만 넋을 잃게 된다. 이미 게임 끝이라고나 할까, 1막만으로도 객석 관객들의 만족감은 극에 달한다. 이처럼 귀에 익은 아름다운 아리아를 연속으로 들을 수 있는 오페라는 많지 않다.

1막의 우중충한 자취방과는 대조적으로 2막은 화려한 파리의 카페 골목을 배경으로 펼쳐지며 갑자기 분위기가 전환된다. 수많은 군중 속에서 마침 마르첼로의 옛 연인 뮤제타가 나타나면서 오페라의 초점은 오디오에서 비디오로 빠르게 이동한다. 오페라 《라보엠》의 중요한 포인트 중 하나는 2막의 파리 거리, 군중 신을 얼마나 생동감 있게 묘사하는가에 있다. 군인들의 행진, 군중들의 자연스러운 움직임, 카페 안의 왁자지껄한 분위기를 다이내믹하게 살리면서도 뮤제타가 옛 연인 마르첼로에게 어필하는 장면과 로돌포가 카페에서 친구들에게 미미를 처음 소개하는 장면이 자연스럽게 포커싱되어야 한다.

만약 2막이 없다면 《라보엠》은 처음부터 끝까지 가난한 청년 남녀가 추운 전셋집 골방에서 궁상만 떨다가 병들어 죽어버리는 아주 우울하고 비참한 단막극으로 끝날 것이다. 그만큼 《라보엠》에 있어 2막의 의미는 크다. 오페라는 비록 비극으로 끝나지만, 2막의 밝은 분위기가 가난하지만 젊은 남녀의 발랄하고 유쾌한 사랑의 열정을 느끼게 해준다. 2막이 《라보엠》의 전체적인 사랑의 톤을 균형 있게 맞춰주는 역할을 하는 것이다.

4막 마지막 신에서는 서로를 위하여 헤어진 것이라고는 하지만 어떻게 그렇게까지 몰랐을 수 있나 할 정도로 갑자기 죽음 직전까지 건강이 악화된 미미가 뮤제타에 의해 로돌포의 골방으로 옮겨진다. 그때까지만 해도 서로 장난을 치고 있던 로돌포와 친구들은 갑자기 숙연해지는데, 이 극적인 분위기 변화가 약간 어색할 정도다.

미미는 로돌포와 사랑을 확인하며 천천히 죽음을 맞는데, 조용히 눈을 감은 미미의 죽음을 알아챈 로돌포가 오열하면서 극은 마무리된다. 《베르테르》나 《로미오와 줄리엣》 같은 낭만주의 오페라에서 보여주는 것과 같은 길고 과장된 장면 처리는 없다. 푸치니 사실주의 오페라답게 미미가 살짝 고개만 떨구며 죽었는지도 잘 못 알아차릴 정도로 조용히, 짧게 묘사되는 것이 특징이다.

미미, 로돌포, 마르첼로, 뮤제타, 쇼나르, 콜리네로 이루어지는 등장인물들은 1845~1849년 파리의 저널《해적*Le Corsair*》에 연재된 앙리 뮈르제(Henri Murger, 1822~1861)의 단편소설에 처음 등장했다고 한다. 오페라《라보엠》은 1849년 연극으로 처음 공연된《보헤미안의 삶 *La Vie de Boheme*》을 골격으로 하고, 푸치니와 대본가 주세페 자코사, 루이지 일리카가 만들었다.

《라보엠》은 1896년 초연되었다. 재미있는 사실은《팔리아치》로 유명한 레온카발로 역시 꼭 같은《라보엠》을 만들어 그로부터 15개월 후에 초연하였다는 것이다.《마농 레스코*Manon Lescaut*》로 대성공을 거두면서 이탈리아 최고의 오페라 작가로 우뚝 선 푸치니가 심혈을 기울여 만든《라보엠》은 그의 완벽주의 성향 때문에 대본가와의 갈등, 수많은 교정 등 많은 진통을 겪은 것으로도 유명하다. 그만큼 작품의 완성도가 높다는 의미다.

타이틀 롤 미미 역에 메트로폴리탄 간판 소프라노 소냐 욘체바, 로돌포 역에 테너 마이클 파비아노, 마르첼로 역에 바리톤 루카스 미첨(Lucas Meachem), 뮤제타 역에 소프라노 수재나 필립스(Susanna Phillips), 콜리네 역에 베이스 매튜 로즈, 쇼나르 역에 바리톤 알렉세이 나브로브(Alexey Lavrov)가 열연하였다. 욘체바는 특유의 호소력 있는 소프라노로 외롭고 사랑에 목말라하는 청순한 미미의 이미지를 완벽히 표현하였다. 왜 그녀가 메트로폴리탄 오페라의 간판 스타인지 실감할 수 있는 노래와 연기였다. 그녀의 소프라노는 거슬림이라곤 전혀 없을 정도로 자연스러우면서 가끔 메조소프라노를 연상시킬 만큼 음역대가 깊고, 리릭인지 드라마틱인지 헷갈릴 정도로 다이내믹하였다.

마이클 파비아노 역시 미성에 힘 있는 테너로 진중하면서도 변화무쌍한 성격의 로돌포를 잘 표현하였으며, 루카스 미첨도 극의 또 다른 중심인물인 마르첼로를 인상 깊게 연기하였다. 존재감은 크지 않았지만 매튜 로즈의 콜리네도 묵직하고 든든한 그의 이미지를 잘 전달하였다. 미미 못지않게 중요한 뮤제타 역의 수재나 필립스 또한 매우 매력적이었는데 보컬뿐 아니라 연기까지 뛰어나 2막에서만큼은 그녀가 주인공이나 다름없게 느껴질 정도로 강렬한 이미지를 남겼다.

관람 노트

관람 일시: 2018년 2월 16일 (20:00~22:55)
지휘: Marco Armiliato
감독: Franco Zeffirelli
프로그램 노트: Helen M. Greenwald

추천 음반

지휘: Tullio SERAFIN
출연: Rodolfo: Carlo Bergonzi | Mimi: Renata Tebaldi | Schaunald: Renato Cesari | Coline: Cesare Siepi | Marcello: Ettore Bastianni | Musetta: Gianna D'Angelo
오케스트라: Chorus and Orchestra of the Accademia di Santa Cecilia, Rome, 1960.
녹음: Decca(LP)

니벨룽의 반지

바그너의 《니벨룽의 반지》 시리즈는 가장 보고 싶었던 작품이지만 링컨센터 메트로폴리탄 오페라관에서 직관하지는 못했다. 며칠에 걸쳐 공연해야 하는, 엄청난 대작이라 자주 공연되지 않기 때문이다. 비록 직관하지는 못했지만, 워낙 최애(最愛) 작품인 만큼 비디오 시청으로 대신한 관람 후기를 남기며 1장을 마무리하려 한다.

'링' '사이클' '반지' 등 여러 애칭으로 불리는 바그너의 연작 대서사시 《니벨룽의 반지》는 '서막(prologue): 라인의 황금(Das Rheingold)' '1주제: 발퀴레(Die Walkure)' '2주제: 지크프리트(Siegfried)' '3주제: 신들의 황혼(Gotterdammerung)' 총 네 개 파트로 구성된 초대형 오페라다. 쉬는 시간 없이 2시간 30분 동안 서막이 공연되고 이어 사흘 저녁 내내 3개 주제가 차례로 공연되어 총 18시간이 소요되는 1주일짜리 패키지 연극 축제(stage festival play)다. 오페라라고 하기엔 너무 길고 방대해서 대서사극이라고 표현하는 편이 적절할 것 같은데, 이것이 바그너가 평생 지향한 종합예술*이다.

바그너가 노르딕 신화를 차입하여 직접 대본을 쓰고 곡을 만들었다고 하는데, 먼저 대본을 스토리 끝에서부터 역으로 쓰고 나중에 곡을 처음부터 순서대로 만들었다. 2주제 《지크프리트》를 만드는 데만 11년이 걸리는 등 총 25년이 소요되었으며 그 중간중간 《트리스탄과 이졸데 Tristan und Isolde》《마이스터징거 Die Meistersinger》 같은 대작들이 탄생했다. 그러는 동안 바그너 자신의 스타일도 변해갔기 때문에 극의 스타일상 일관성이 떨어진다는 단점도 있다.

대학 1학년 모든 것이 새롭고 열정적이던 시절, 학생회관에 있던 음악감상실에서 처음 바그너를 만났다. 강의 중간에 빈 시간을 메우려고 아무 생각 없이 들어간 음악감상실. 사람 덩치만큼 큰 스피커에서 《탄호이저》 서곡이 막 흘러 나오기 시작했다. 꽤 익숙한 멜로디라 생각하며 의자 깊숙이 몸을 묻고 음악에 몸을 맡겼던 그날이 아마 클래식 음악이 주는 감동을 느꼈던 최초의 순간 같다. 웅장하면서도 애처롭고, 환희에 들떴다가도 다시 침잠하며, 구원을 느끼다가도 금방 혼

---

* Gesamtkunstwerk. 시, 드라마, 음악, 노래, 시각 효과 등이 하나로 융합된 악극이다.

란 속에 빠져드는 복잡함 속에 그래도 조용히 다가오는 새벽빛 같은 희망과 구원의 메시지. 이것이 그날 그 짧은 시간에 나를 뒤흔들었던 바그너의 느낌이었다.

그 뒤로 한참을 잊고 지내다가 한창 오디오에 빠졌던 40대에 이르러서야 다시 바그너를 만났다. 약 20년 만이었다. 지금도 대학 시절 경험 때문인지 바그너 레퍼토리에서 가장 좋아하는 것 중 하나로《탄호이저》를 꼽지만, 점점 바그너의 세계에 빠져들면서 듣고 또 들어도 도무지 그 끝을 알 수 없는《니벨룽의 반지》(이하 '링') 시리즈에 더 깊이 빠져버렸다. 바그너의 링 연작을 들으며 복잡한 감동을 느끼는 것은 어찌 보면 시와 음악, 노래, 드라마 모든 것을 망라한 종합예술을 지향했던 바그너의 의도에 딱 부합하는 반응일 수도 있다.

링은 바그너라는 한 사람에 의해 완성된 19세기 후반 위대한 음악 혁명의 최고 결과물로 평가된다. 신화를 소재로 한 만큼 흥미롭고 드라마틱한 요소들을 가득 담고 있다. 욕심 많은 인간과 신, 저주와 예언, 신과 인간의 다툼, 영웅의 등장과 구원 등 극적인 재미를 극대화할 수 있을 만한 소재들이 극 전반에 총망라되어 있다. 〈반지의 제왕〉이나 〈왕좌의 게임〉 같은 최근 대서사극들의 시나리오에도 바그너의 링이 어느 정도 영향을 미치지 않았을까 추측해본다.

링은 어떤 범주에도 국한되지 않는 총체적 예술의 극치 그 자체지만 그 이면에는 바그너가 살았던 시대의 정치·사회적 이데올로기가 상당한 영향을 미친 것으로 보인다. 바그너가 링을 구상하기 시작한 1848년은 프랑스, 오스트리아, 독일 일대에 정치 혁명의 소용돌이가 몰아치기 시작할 무렵이다. 당시 바그너는 북구의 전설에서 유래한 니벨룽 반지의 스토리, 특히 주인공 지크프리트의 영웅적인 죽음에 매료되어 《지크프리트의 죽음Siegfried's Death》이라는 단막극을 구상하고 있었다. 동시에 《나사렛 예수Jesus of Nazareth》의 아웃라인을 잡고 있었는데 모두 인류를 구원하는 영웅을 주인공으로 하는 작품이라는 공통점이 있다. 이 같은 그의 작품 성향은 당시 바그너가 인류 역사상 새로운 시대는 영웅의 출현에 의해 도래했다는 헤겔의 역사적 영웅관에 크게 영향받고 있었음을 반증한다는 해석이 많다. 이런 그의 철학이 결국 니벨룽의 반지를 극화하는 쪽으로 가닥을 잡게 했다는 것이다.

당시 바그너는 러시아 무정부주의자(아나키스트)였던 바쿠닌(Mikhail Bakunin, 1814~1876), 개혁주의 지휘자 뢰켈(August Rockel, 1814~1876) 등과 교류하고 있었는데, 그가 거주하던 독일 드레스덴에도 혁명의 바람이 몰아치고 있었다. 바그너는 혁명에 직접 참가하지는 않았지만 모임 장소를 제공하거나 정부군의 정보를 알려주는 등 간접적으로 동조했던 것으로 전해진다. 혁명은 성공하는 듯 보였지만 프러시안 군대의 개입으로 결국 무산되고 바그너는 쫓기는 신세가 되어 바이마르에 있는 절친한 친구 리스트(Franz Liszt, 1811~1886)의 집에

숨어 지내게 된다. 바쿠닌과 뢰켈은 감옥에서 죽고, 리스트의 딸 코지마는 후일 그의 아내가 된다.

　바그너는 그 유명한 '유도동기'를 적극 활용한다. 이탈리아 오페라에서처럼 무대 배경 등을 자주 바꾸지 않고 음악적 흐름이 끊어지지 않게 통일성을 유지하면서도 테마가 바뀌고 있다는 것을 암시하는 방법이다. 링의 유도동기는 두세 마디의 짧은 관악음(bar)으로 이루어져 극 중 특정 인물, 대상, 주제, 감정 등을 나타내는 단음악이다. (마치 유튜브의 '쇼츠'와 같다). 유도동기는 해당 테마가 등장할 때마다 반복적으로 연주된다. 때로는 길게, 때로는 짧게, 원래대로 또는 변주되어, 독자적으로 또는 다른 동기와 결합하여 극 중 해당 주제가 나타날 때마다 되풀이된다.
　슈만, 베버, 리스트 등도 유도동기를 이용하였으나 극의 모든 부분에 이처럼 치밀하고 정교하게 활용한 사람은 바그너가 최초였다. 음악 전문가들에 의하면 마치 컴퓨터 알고리즘처럼 완벽하게 맞추어져 있다고 한다. 우리의 심연을 그토록 울리는 것은 그 때문이다. 바그너는 시와 음악을 결합한 종합 악극을 추구하였기 때문에 대본을 직접 썼고, 대본에 음악을 맞추기보다는 음악에 맞는 시, 시에 맞는 음악을 만들어나가는 방식을 취하였다. 이 때문에 대본과 음악의 통일성이 다른 작곡가들과 비교할 수 없을 만큼 탁월하다는 것이 후세의 공통된 평가다.

또 다른 결정적인 요소는 무대 조성(staging)이다. 공연 초기 바그너는 직접 여러 지침을 주면서 무대 조성에 개입하였다고 한다. 바그너는 링의 공연 효과를 극대화하기 위해 독일의 시골 마을 바이로이트에 전용 극장을 직접 설계, 건축하여 매년 바이로이트 페스티벌을 개최하였다. 그리고 유럽에서 소위 내로라하는 왕과 귀족, 고관대작들을 초청하여 상류층의 음악 향연으로 자리매김시켰다는데, 그의 정치적 마케팅 능력이 얼마나 대단했는지 가늠해볼 수 있다.

바그너 사후 바이로이트 극장은 그의 손자들*이 총괄하게 되었다. 그들은 링의 무대 조성을 현대 이미지에 맞게 혁신적으로 바꾸었다. 이에 대해 비판과 찬사가 교차하는 등 말이 많았던 것도 그만큼 링의 성패에 있어 무대 조성이 얼마나 중요한 요소인지를 반증한다.

바그너는 동시대 철학가 쇼펜하우어의 영향을 많이 받았다고 한다. 바그너 스스로 링을 만들 당시 쇼펜하우어 사상에 깊이 빠져 있었으며, 그 영향이 링에 많이 투영되어 있다고 고백했다. 쇼펜하우어는 세계는 실재가 아니며 단지 실재에 투영된 우리 모습일 뿐이라고 주장

---

* 빌란트 바그너(Wieland Wagner, 1917~1966)와 볼프강 바그너(Wolfgang Wagner, 1919~2010).

한다. 궁극적인 실재는 우리가 볼 수 있는 영역 너머의 힘이다. 그 힘은 우주 전체에 있으면서 동시에 우리 안의 깊은 심연에 존재하는, 우리가 자각할 수 없는 의지(Wille)다. 세계와 그 세계 안에 있는 우리는 단지 환상에 불과하고 의미 없는 목표를 이루기 위해 움직이는데 그 과정에서 고통을 받는다. 쇼펜하우어는 이 같은 허상을 직시해서 그 본연을 알기 위해 노력해야 하고(하지만 알 수는 없다.), 허상을 거부해야 한다고 주장한다.

쇼펜하우어의 이 같은 염세주의가 바그너의 링에도 잘 투영되어 있다. 링의 대주제는 보탄으로 대표되는 신들이 다스리는 세상(좁게는 19세기 유럽, 넓게는 세계 전체), 즉 허상인 세계의 몰락이다. 바그너는 링에서 가장 중심이 되는 인물은 보탄이며, 그가 곧 우리 자신의 모습을 의미한다고 이야기한다. 보탄은 세상을 창조한 신은 아니나 세상을 지배하는 신이다. 하지만 그는 외눈이 상징하는 바와 같이 그 자신의 의지는 잘 보지 못한다. 그래서 세상을 지배함에 있어 에르다와 같은 지혜의 여신으로부터 도움을 받는다. 자신의 의지를 잘 알아차리지 못한다는 점은 인간, 즉 우리들의 모습과 같다.

제1주제《발퀴레》에서 보탄은 인간 여자와의 사이에서 태어난 아들 지그문트를 살리고 싶다는 자신의 의지를 알아차리지 못한다. 보탄의 부인인 여신 프리카는 그에게 세상의 질서를 유지하기 위해선 혼외자인 지그문트를 죽게 내버려두어야 한다고 말한다. 보탄은 그 말만

듣고 발퀴레이자 그의 딸인 브륀힐데에게 그를 돕지 말라고 명령한다. 하지만 브륀힐데는 보탄 스스로조차 알지 못했던 그의 의지를 알아차리고 지그문트를 도와준다. 하지만 자신의 명령을 거역한 데 격분한 보탄이 개입하여 지그문트는 죽고 브륀힐데는 엄벌에 처해진다.

음악학자이자 신부인 M. 오웬 리(M. Owen Lee, 1930~2019)는 보탄이 자신의 의지를 알아차리지 못하는 우리의 모습이라면, 브륀힐데는 의지를 알아차리는 우리의 심연이라고 해석한다. 결국 보탄이 다스리는 세상에 질서를 회복하기 위해 태어난 그의 후손들*은 모두 죽고, 신전 발할라가 불타올라 보탄과 신들도 모두 사라진다. 하지만 자신의 의지(Wille)를 아는 유일한 존재 브륀힐데만은 살아남아 자주적 인간이 스스로 살아가는 새로운 세상이 탄생하는 게 링의 결말이라는 것이다. 신들의 세상이 사라지고 인간의 세상이 탄생하는 결말은 허상인 세계의 몰락에서 끝나는 쇼펜하우어의 염세주의와는 달리 새로운 인간 세계에 대한 희망을 노래하는 것이라고 해석한다.**

링은 복잡한 줄거리와 수많은 등장인물을 통해 세상의 탄생과 종말, 신과 인간의 싸움, 승리와 죽음, 절망과 구원 등 대단히 심오한 주

---

* 지그문트와 지그린데, 이들의 아들 지크프리트
** 『Wagner's Ring: Turning the Sky Round』(Summit Books, 1990)

제를 다룬다. 철학·역사·사회·정치·예술 모든 분야를 망라하므로 다양하게 해석할 수 있고, 해석하기에 따라 극의 분위기가 완전히 바뀔 수 있다. 파고 파도 끝이 없는 해석의 무한함이 극의 위대함을 반증하는 것이라는 무한 찬사가 있는가 하면, 정치적 편향(니벨룽 피억압 계층의 항거, 즉 진보주의) 또는 개인적 동기(부채와 도피로부터의 탈출), 바그너식 모티프(결국은 여성이 구원함) 등이 너무 강하게 반영되어 예술성을 훼손한다는 비판도 있다. 그러나 대체로 찬사가 압도적이다.

  1951년 바이로이트 축제에서 바그너의 손자 빌란트 바그너가 링의 재해석을 시도하여 큰 논란이 되었다. 이는 빌란트 바그너의 혁신이 링에 대한 여러 해석 중 오직 예술적인 측면에만 집중하자는 취지로 이루어졌기 때문이다. 예술적이든 비예술적이든 바그너의 원래 의도를 왜곡해선 안 된다는 골수 바그네리안의 엄청난 반대에 부딪칠 수밖에 없었다.

  링은 워낙 길고 복잡하게 짜여 있기 때문에 극을 이해하려면 우선 전체 줄거리를 완벽히 이해해야 한다. 따라서 링에 대한 총평은 이쯤에서 그치고, 링의 전체적인 스토리 라인과 의미 해석을 각 주제별로 쉽고 상세하게 소개하고자 한다.

라인강의 세 처녀 요정들은 마법에 걸린 금괴를 지키고 있다.

금괴에는 사랑을 포기하고 금괴를 반지로 바꾸어 가지는 자는 세상의 주인이 될 수 있다는 마법이 걸려 있다. 억압받는 니벨룽 부족의 난쟁이 알베리히는 어느 날 라인강의 처녀들과 어울리다 이들이 흘린 금괴의 전설을 알고 세상을 지배하고픈 욕심에 그 금괴를 훔쳐 달아난다.

한편 제왕신 보탄은 권력을 극대화하려는 욕심을 품는다. 이에 모든 신을 한곳에 모아놓고 통치할 수 있는 신전 '발할라'를 짓고자 거인 파졸트와 파프너를 고용한다. 보탄은 발할라를 짓는 대가로 이들에게 여신 프레이아를 넘겨주겠다고 약속하는데, 신전이 완성되어갈수록 자신이 약속을 지킬 수 없음을 깨닫는다. 여신 프레이아 없이는 신들의 불멸을 보장하는 금사과를 얻을 수 없기 때문이다. 불의 신 로제는 보탄에게 과거 알베리히가 라인강의 요정들에게서 금괴를 훔쳐 반지를 만들고 그 힘을 빌려 니벨룽 부족을 착취한 일을 알려주며 그에게서 금괴를 빼앗아 거인들에게 프레이아 대신으로 주면 된다고 귀띔해준다.

보탄은 로제의 말에 혹하여 알베리히의 금괴를 빼앗는다. 알베리히는 금괴를 빼앗기며 금괴로 만든 반지를 가진 자는 파멸에 이를 것이라고 저주를 퍼붓는다. 보탄은 금괴의 일부를 거인들에게 주고 나머지는 자신이 가지려고 한다. 하지만 이때 대지의 여신이자 지혜의 여신인 에르다가 나타나 금괴를 훔친 것은 보탄이 스스로 만든 규율을 어긴 것이기 때문에 금괴를 가져서는 안 된다고 충고하며, 이번 일로 인해 그의 권위가 크게 흔들리고 반지의 저주가 결국 신들이 통치하는 세상의 종말로 이어질 것이라는 무서운 예언을 한다. 보탄은 에르다의 충고에 놀라 금괴를 포기하지만, 금괴를 받아 챙긴 거인들은 즉시 저주에 걸려 서로 싸우게 된다. 이 과정에서 거인 파프너가 파졸트를 죽인다.

시간이 흘러 보탄은 에르다와의 사이에 아홉 명의 딸을 두게 된다. (보탄의 정식 부인은 프리카다.) 이들은 여전사(발퀴레)로, 이들의 임무는 죽은 영웅들의 시신을 발할라로 실어와 소생시킨 뒤 신들을 보호하는 가드로 만드는 일이다. 보탄은 에르다의 예언이 끝내 마음에 걸려 반지의 저주로부터 신들을 구해낼 방법이 있는지를 묻는다. 이에 에르다는 오로지 신들의 영향으로부터 독립되고 두려움을 모르는 영웅이 반지를 찾은 후 라인강에 돌려줘야만 모든 저주에서 풀려날 수 있다고 답한다. 이 말을 들은 보탄은 변장한 채 인간계에 내려와 인간 여인과 살게 된다.

이때 낳은 두 명의 쌍둥이 남매가 바로 제1주제 《발퀴레》 주인공 지그문트와 지그린데다. 보탄은 아들 지그문트가 자신이 끝내 하지 못한 일, 즉 금괴를 찾아서 다시 라인강에 되돌려주는 일을 완수하여 자신의 권위를 되찾아줄 것이라 기대한다. 그러던 어느 날 보탄이 아들 지그문트를 데리고 사냥을 나간 사이 야만족(훈딩)이 쳐들어와 부인을 죽이고 딸 지그린데를 납치해 간다. 얼마 지나지 않아 보탄도 지그문트 곁을 떠나게 되면서 지그문트는 숲에서 자신이 누구인지조차 모른 채 홀로 자라게 된다. 지그문트의 방황과 시련을 표현하기 위해 폭풍과 같은 음악이 펼쳐지는 이 부분이 바로 그 유명한 〈발퀴레의 서곡〉이다.

서곡이 끝나면 천천히 제1주제 1막이 시작된다. 숲에서 방황하던 지그문트가 숲속 외딴집에 도착한다. 그곳은 훈딩이 지그린데를 데리고 사는 집이다. 훈딩의 거처 한가운데에는 오래된 고목이 있고 고목 옆에는 작은 방이 있다. 고목의 긴 가지가 지붕을 뚫고 여기저기 뻗쳐 있으며 밖으로는 숲이 보인다. 지그린데는 지그문트의 인기척을 느끼고 나와 그를 맞이한다. 그녀는 왠지 모를 끌림을 느끼며 그에게 마실 물을 가져다준다. 이야기를 나누던 중 지그문트는 마법의 저주에 걸려 지금껏 방황했다고 털어놓으며 자신의 불행을 한탄한다. 지그린데 역시 원치 않는 결혼을 하고 불행하게 살고 있는 자신의 처지를 털어놓는다.
잠시 후 그녀의 광폭한 남편 훈딩이 일을 마치고 집에 돌아온다. 지그문트와 이야기를 나누던 중 훈딩은 그가 말하는 야만족이 바로 자신의 부족임을 알게 되고, 오늘 밤은 쉬어 가되 내일 날이 밝으면 자신과 싸워야만 한다고 통보한다. 지그린데는 지그문트를 구하기 위해 남편 훈딩의 술에 몰래 수면제를 타넣는다.

지그린데는 지그문트의 시선이 검이 꽂혀 있는 고목에 머물도록 유도한다. 이 검은 노퉁이라는 이름을 가졌으며 영웅만이 뽑을 수 있도록 주술이 걸려 있다. (이때 《라인의 황금》에 나왔던 검의 유도동기가 흐른다.) 지그린데는 훈딩이 잠들어 있으니 어서 이곳을 떠나라고 재촉하며 이 검을 뽑을 수 있는 영웅이 당신인 것 같다고 말한다. 그러면서 과거 이야기를 들려준다. 과거 지그린데의 결혼 피로연 날, 지나가던 이상한 나그네가 고목 뿌리에 검을 꽂으면서 오직 영웅만이 이 검을 뽑을 수 있다고 말했다는 것이다. 그 나그네는 보탄이 변장(이 대목에서 나그네가 보탄임을 암시하는 발할라의 유도동기가 흐른다.)한 것으로, 강제로 결혼하여 불행하게 사는 딸 지그린데가 애처로워 잠시 들른 것이었다.

이야기를 들은 지그문트는 어린 시절 아버지가 같은 예언을 했던 일을 어렴풋이 떠올리고 자신과 닮은 순백의 지그린데에게 묘한 연민과 애정을 느끼며 그녀를 격하게 끌어안는다. 지그린데 역시 그에게 강한 애정(근친 간의 끌림)을 느끼는데, 이 부분이 링 전편에 걸쳐 가장 아름답다는 '사랑의 신'이다. 지그문트는 "노퉁!"이라고 외치며 검을 뽑아 들고, 지그린데는 자신이 그토록 찾아 헤매던 쌍둥이 오빠가 바로 이 사람임을 깨닫는다. 지그문트 역시 잊었던 자신의 정체성을 깨달으며 둘은 사랑으로 빛나는 봄에 새 출발을 시작한다. (이 장면에서 봄이 겨울을 이겨낸다는 사랑의 테마가 흐른다.)

보탄은 둘의 사랑을 축복하려 하지만 그의 아내인 결혼의 여신 프리카는 둘의 사랑이 불륜이며 정상적인 결혼이 아니라는 이유로 처벌받아야 한다고 주장한다. 보탄은 내심 지그문트가 훈딩과의 싸움에서 이기도록 도와주고 싶지만 제왕신으로서 다스려야 하는 규율이 있기에 프리카의 주장을 거부할 수 없음을 알고 탄식한다. 즉 지그문트를 통해 반지를 되찾고 이를 다시 라인강에 돌려주어 반지의 저주(신탁 통치의 종말)에서 풀려나고자 하는 자신의 희망이 이루어질 수 없음을 깨닫는다.

보탄은 아홉 명의 발퀴레 중 가장 사랑하는 딸인 브륀힐데에게 지그문트를 도와주라고 한 자신의 명령을 괴로워하면서 번복한다. 이 장면에서 보탄의 내러티브는 그의 끝없는 방랑, 알베리히로부터 금괴와 반지를 빼앗아 저주를 받은 일, 에르다의 예언 등 링의 주요 테마 들을 침통하게 하소연하듯이 표현하는 파트다. 링 전편을 통틀어 가장 지루한 장면인 동시에 가장 격정적인 장면이기도 하다.

브륀힐데는 아버지 보탄의 지시를 받들고자 했지만, 막상 지그문트와 지그린데를 만나 그들의 사랑을 확인하자 마음이 달라진다.

브륀힐데가 그가 죽을 수 있다는 사실을 암시하자 지그문트는 지그린데를 두고 죽어야 한다면 차라리 지그린데를 죽이고 자신도 따라 죽는 편이 낫다고 이야기한다. 브륀힐데는 이에 감동받아 보탄의 의지를 돕는 것이라고 합리화하면서 지그문트가 살아남도록 도우려 한다. 하지만 이때 보탄이 나타나 그녀를 방해하고 결국 지그문트는 검이 두 동강 나면서 싸움에 패해 죽음을 맞이한다. 하지만 브륀힐데는 지그린데만이라도 살아남도록 안전한 장소로 그녀를 피신시킨다.

보탄은 자신의 명령을 어긴 브륀힐데에게 대노하여 그녀의 신성을 빼앗고 깊은 잠에 빠지게 하여 산꼭대기에 감치한다. 그녀를 깨우는 남자가 있으면 브륀힐데는 그가 촌부이든 누구든 상관없이 무조건 그와 결혼하여 평생 인간 여성으로 순종하며 살아야 한다. 그러나 브륀힐데는 아무 남자하고나 결혼하기는 싫다고 간청한다. 보탄은 가엾은 마음에 불의 신 로제로 하여금 그녀가 잠든 산꼭대기 주변에 거대한 화염 장벽을 만들게 한다. 오직 영웅만이 이를 헤치고 들어갈 수 있다. 이 부분에서 사랑하는 딸에게 아버지로서의 역할을 다하지 못하는 애통한 마음과 브륀힐데를 보내면서 느끼는 고통을 담은 보탄의 절규 어린 노래가 흐른다.

한편 지그문트와 지그린데 사이에 태어난 아들 지크프리트는 어려서 고아가 되어 알베리히의 배다른 형제 미메에 의해 숲에서 길러진다.

지크프리트는 자연 속에서 강인하고 충동적이며, 굴복이나 두려움을 모르는 용기백배한 영웅으로 성장한다.

링 3부작의 2주제에 해당하는 《지크프리트》는 마지막 브륀힐데와의 사랑의 듀엣 이전까지는 마치 심포니의 스케르초(scherzo)* 악장처럼 매우 빠르고 강렬하게 진행된다. 2주제 《지크프리트》는 주로 그가 겪는 세 가지 영웅담으로 구성된다.

첫째는 니벨룽의 금괴와 반지를 차지한 거인 파프너를 죽이는 장면이다. 파프너는 타른헬름이라는 마법의 골든 후드를 이용해 거대한 용으로 변신하여 니벨룽의 반지를 숨겨둔 동굴 앞을 지키고 있었다. 두려움을 모르는 지크프리트는 영웅검 노퉁으로 파프너를 단번에 두 동강 낸다. 그렇게 지크프리트는 의미도 모르는 채 파프너가 남긴 금괴와 반지를 차지하게 된다.

둘째는 보탄과의 만남이다. 어느 날 지크프리트는 스스로 나그네라고 칭하는 회색 망토를 두르고 창을 든 남자를 만나게 된다. 그는 점점 힘을 잃어가고 있는 그의 할아버지 제왕신 보탄이다. 보탄은 지크프리트가 가지고 있는 금괴와 반지를 라인강에 되돌려주라고 설득하

---

* 베토벤이 미뉴에트 대신 소나타, 교향곡 등의 제3악장에 채용한 3박자의 쾌활한 곡. 보통은 스케르초-트리오-스케르초의 겹세도막 형식이다. 이후 쇼팽과 브람스의 피아노곡, 어두운 성격의 스케르초와 서정적인 트리오가 되었다.

지만, 지크프리트는 오히려 검으로 보탄의 창을 박살 내버린다. 보탄은 대답할 겨를도 없이 그대로 떠나가는데, 이 장면이 링의 가장 중요한 배역이라 할 수 있는 보탄의 마지막 등장이다.

마지막은 2주제 하이라이트라 할 수 있는 브륀힐데와의 만남이다.

마침내 지크프리트는 화염 장벽을 뚫고 불타는 산의 꼭대기에서 잠자고 있는 브륀힐데를 발견한다. 처음엔 그녀가 그저 전사인 줄만 알았다가 가슴을 가린 갑옷을 풀어본 후 그녀가 여성이라는 사실을 깨닫게 된다. 이 순간 그는 극도의 혼란과 충격을 받는데 난생처음 여성을 보았기 때문이다. 그는 지금껏 그토록 확고하고 자신만만하던 자신의 마음 상태가 브륀힐데(할아버지의 딸이니 고모에 해당한다.)에 의해 크게 동요되고 있음을 느낀다. 보탄이 내린 벌로 이미 신성을 잃은 브륀힐데 역시 인간 여성으로서 지크프리트에게 깊은 사랑을 느끼게 된다. 지크프리트는 사랑의 증표로 세상을 지배할 수 있는 니벨룽의 반지를 브륀힐데에게 끼워준다.

2주제 《지크프리트》의 제작에 있어 가장 중요하고도 어려운 포인트는 지크프리트에 걸맞은 테너를 찾는 것이라고 한다. 바그너 오페라는 노래와 드라마, 음악과 시각 효과의 결합 등 종합예술을 지향한다. 오페라 가수의 외모도 극 중 배역과 비슷해야 한다. 따라서 지크프리트 역을 맡는 테너는 아주 잘생겨야 한다. 또 2주제 전 막 처음부터 끝까지 서너 시간 동안 쉬지 않고 노래해야 하므로 엄청난 체력과 성량이 필요하고, 젊고 영웅다운 지크프리트를 표현해야 하므로 미성인 동시에 박력 있어야 한다.

극의 하이라이트라고 할 수 있는 지크프리트와 브륀힐데의 조우 장면은 거의 마지막(저녁 공연인 경우 23시경)에 나온다. 지크프리트 역의 테너는 이미 지칠 대로 지친 상태지만 극 중 브륀힐데 역은 막 잠에서 깨어난 설정이기에 활기 넘치는 소프라노의 울림을 전할 수 있다. 이 점에서 둘의 조화를 맞추기가 대단히 어렵다는 것도 큰 장애 요소다.

평론가들 사이에서 역대 지크프리트 역으로 가장 뛰어났다는 평가를 받는 테너는 덴마크 태생의 미국 테너 라우리츠 멜시오르(Lauritz Melchior, 1890~1973)다. 그는 외모와 실력, 엄청난 에너지를 골고루 갖춘 남성 바그네리안의 대표 그 자체였다고 한다.

링 사이클의 3주제 《신들의 황혼》의 주된 줄거리는 알베리히가 그의 서자 하겐을 이용해 보탄의 손자 지크프리트와 그의 아내 브륀힐데가 가지고 있는 반지를 빼앗기 위해 음모를 벌이는 내용이다.

하겐은 기비홍 가(家)의 이복형제 군터와 그의 여동생 구트룬에게

환심을 사 지크프리트와 브륀힐데를 유인하는 데 성공한다. 그는 이들 남매에게 영웅 지크프리트를 구트룬의 남편으로, 브륀힐데를 군터의 아내로 취하는 것이 어떻겠냐고 유혹한다. 군터는 이를 받아들여 하겐과 함께 지크프리트를 성으로 유인한 뒤 마법의 약을 먹인다. 이 약은 먹는 즉시 과거의 기억을 잃어버리고 약을 준 사람의 말을 저항 없이 듣게 하는 약이다.

약에 취한 지크프리트는 아내 브륀힐데와의 기억을 송두리째 잃어버린다. 그리고 하겐의 음모대로 브륀힐데를 설득해 그녀를 군터의 아내로 만드는 일을 돕겠다고 약속하고 구트룬과 사랑에 빠진다. 브륀힐데는 지크프리트가 자신을 군터에게 팔아넘기고 다른 여자와 사랑에 빠졌다는 사실에 깊은 배신감을 느끼며 지크프리트를 죽이자는 하겐의 음모에 동조하게 된다.

결국 지크프리트는 하겐의 속임수에 빠져 비참한 죽음을 맞이한다. 마지막에 브륀힐데가 자신이 속았다는 사실을 깨닫고 지크프리트와의 사랑을 다시 회복하려 하지만 이미 너무 늦어버린 뒤였다. 비통에 잠긴 브륀힐데가 지크프리트의 시체를 안고 불 속으로 뛰어드는 장면(Immoration scene)으로 링은 대단원의 막을 내린다.

M. 오웬 리(1990)는 이 마지막 장면을 사랑을 위해 권력을 포기하는 브륀힐데를 통해 '신의 권력'이 아닌 '사랑'에 의해 구원받는 인간

세계의 이상을 표현한 것이라고 해석한다. 이때 화염이 하늘까지 치솟아 오르는 것은 천상 발할라에 사는 신들의 종말을 암시한다. 한편 라인강이 범람하여(하겐도 물속으로 빨려 들어가 죽음을 맞는다.) 니벨룽의 반지를 집어삼키는 것은 반지가 원래의 자리로 돌아가고 세상의 질서가 다시 정립된다는 사실을 의미한다. 다만 더 이상 '신들의 권력이 지배하는 세상'이 아니라 '인간의 사랑이 지배하는 새로운 세상'이 탄생하였다는 점에서 옛날과 다르다.

링의 거대하고 복잡한 전체 줄거리와 주요 포인트들을 살펴보았다. 이제는 링 사이클 각 편의 오페라적 의미를 좀 더 상세히 들여다보도록 하자.

추천 음반
지휘: James LEVINE, Fabio LUISI
출연: Siegmund: James Kaufmann | Sieglinde: Eva-Maria Westbroek | Hunding: Hans-Peter Konig | Wotan: Bryn Terfel | Brunhilde: Deborah Voigt | Siegfried: Jay Hunter Morris | Mime: Gerhard Siegel | Alberich: Eric Owens | Hagen: Hans-Peter Konig
프로그램 노트: The Metropolitan Opera Orchestra, 2011.
녹음: DG(DVD)

발퀴레

누구나 한 번쯤 들어봤음직한 유명한 〈발퀴레 서곡〉은 가족과 헤어진 지그문트의 오랜 방황과 고난을 표현한다. 폭풍우를 가장 뛰어나게 표현한 음악으로도 평가되는데, '폭풍우'와 '천둥의 신' 두 개의 동기가 교차하면서 번개, 천둥, 폭우 등이 점차 증폭되다가 클라이맥스에 도달한 후 소멸하고 폭풍이 잦아들며 서서히 막이 시작된다. 《발퀴레》에서는 기존 이탈리아 오페라처럼 아름다운 멜로디나 아리아는 찾아볼 수 없다. 하지만 바그너 자신이 밝힌 대로 링의 전 사이클 가운데 음악과 대본, 드라마가 일정한 원칙에 따라 가장 완벽하게 짜인 파트다. 자세히 반복해서 들어보면 치밀하게 조화된 규칙성이 음악성으로 얼마큼 성공적으로 승화될 수 있는지를 여실히 볼 수 있다. 가사의 두운을 맞춘다든지, 가수들의 노래가 오케스트라 음악에 묻히지 않고 효과적으로 전달되면서도 오케스트라와 조화를 이룬다든지 하는 여러 조건들이 절묘하고도 완벽하게 이루어진 것으로 평가된다.

1주제《발퀴레》는 보탄이 인간계 여인과의 사이에 낳은 아들(지그문트)과 딸(지그린데)이 어려서 헤어져 각자 다른 길을 걷다가 우연히 조우하는 장면으로부터 시작한다. 둘이 사랑을 확인하고 맺어지자 보탄은 발퀴레 중 하나인 브륀힐데에게 불륜을 저지른 지그문트를 벌하라고 명령한다. 하지만 브륀힐데는 보탄의 속마음을 헤아려 이 명령을 어겼다가 형벌을 받는다. 1주제는 이를 슬퍼하는 보탄의 고통으로 마

추천 음반
지휘: Georg SOLTI
출연: Siegmund: James King | Sieglinde: Regine Crespin | Hunding: Gottlob Frick | Wotan: Hans Hotter | Brunhilde: Brigit Nilsson
오케스트라: Vienna Phil, 1966.
녹음: Decca(LP)

무리된다. 1주제는 지그문트와 지그린데의 아름다운 사랑의 테마로부터 시작해 뒤에 이들 남매와 신계의 딸 브륀힐데에 대한 부정(父情)으로 고통스러워하는 보탄의 테마로 옮겨 간다. 중심 테마는 역시 링 전 사이클의 주인공이라 할 수 있는 '보탄의 테마'다.

구전되는 니벨룽의 전설에 따르면 보탄이 한쪽 눈을 잃은 것은 세상의 비밀을 아는 대가로 요정들에게 바쳐야 했기 때문이다. 보탄은 서막 《라인의 황금》에서 제왕신으로서의 권력을 극대화하려는 욕심에 알베리히로부터 라인강의 금괴를 빼앗는 행위를 서슴지 않는 욕심 많고 불완전한 신이다. 보탄의 이 같은 행위로 말미암아 이어지는 일련의 사건들이 링 사이클의 전체 줄거리라고 보아도 무방할 만큼 링은 보탄의 영광과 욕심, 좌절, 사랑, 파멸, 희망을 주제로 다루고 있다. 〈발퀴레 서곡〉, 1막 지그문트와 지그린데가 부르는 사랑의 테마, 3막 전주곡과 보탄의 테마가 링 사이클 전곡을 통틀어 가장 유명하고, 가장 많이 공연되는 주제이기도 하다.

지크프리트

1주제 《발퀴레》의 피날레는 영웅 지크프리트의 등장을 분명히 예고한다. 보탄이 브륀힐데를 화염 장벽 속에 가두는 장면에서 지크프리트의 테마가 흐르는 것이다. 2주제 《지크프리트》는 링 전편의 모태가 된 부분으로, 링 전체 사이클에서 가장 중요한 파트이기도 하다. 신

화와 심리학이 결합되어 음악으로 승화되었다는 평가가 많다.

바그너는 신화를 '원초적 심리학'으로 인식했다. 그리하여 링 사이클 전편을 신화인 동시에 인간의 정신세계를 다루는 서사극으로 표현했다고 하는데, 이런 정신분석적 접근이 가장 두드러진 파트가 바로 《지크프리트》다. M. 오웬 리(1990)는 지크프리트가 자라나는 숲은 무의식(unconsciousness), 그가 부는 나팔은 의식(consciousness)을 향한 외침, 미메는 지크프리트의 성장을 가로막는 장애물로 각각 해석한다. 프로이트와 융이 정신분석이론으로 밝히기에 앞서 바그너에 의해 이미 음악으로 표현되었다는 사실이 놀랍다. 전후 빌란트 바그너에 의해 재해석된 《지크프리트》가 1막의 배경을 '인간 뇌 안의 어두움'으로 표현한 것도 정신분석학적 해석을 감안한 것이라는 견해가 많다.

브륀힐데가 잠들어 있는 산의 화염 장벽은 그를 밝은 의식으로 인도하는 지식(knowledge)을 의미한다. 그는 무의식에서 의식으로 넘어가는 과정에서 난생처음 여성 브륀힐데를 보고 두려움을 느끼지만 곧 사랑으로 두려움을 극복한다. 후에 융은 성장기 남성 내면에 있는 여성성은 파괴적이기도 하고 창조적이기도 한데 성인이 되어가면서 파괴적인 여성성을 제거해야만 창조적인 여성성이 그를 창조적 인간으로 성장케 한다고 설명한다.

2막 〈숲속의 속삭임 Forest Mumurs〉은 지크프리트가 용을 죽이고 그 피를 마신 뒤부터 숲이 하는 이야기를 알아듣게 되었다고 설정한다. 이 부분도 용(파괴적 여성성)을 죽이고 그 안에 있는 창조적 여성성을 자유롭게 함으로써 숲(무의식)에 다가갈 수 있게 되었음을 의미한다고 해석하는 경우가 많다. 3막에서 지크프리트가 화염 장벽을 뚫고 브륀힐데를 깨운 후 부르는 듀엣은 사랑 노래인 동시에 지크프리트가 드디어 브륀힐데 안에 있는 자신의 모습을 발견하게 되었음을 상징한다. 즉 그가 성숙하고 완전한 영웅으로 재탄생했음을 의미하는 것이다.

2주제 《지크프리트》는 링 사이클에서 가장 덜 공연되는 주제로 대중성이 떨어진다는 평가가 많다. 1막과 2막의 길게 늘어지는 대사, 장장 두 시간이 지난 뒤에야 듣게 되는 여성 보컬, 오랜 공연에 지쳐버린 지크프리트 역 배우의 지친 성악과 마지막 부분에 깨어나는 브륀힐데의 싱싱한 'high-C' 간 부조화 등이 그 이유다.

2막에서 반지를 차지하여 세상을 지배하고픈 욕심에 어린 지크프리트를 키우는 미메는 종종 바그너의 반유대주의(anti-Semitism)를 상징하는 인물, 계산적이고 왜곡되었으며 기이한 외모를 가진 인물로 해석된다. 작곡가 말러는 미메가 독일 영웅 지크프리트에 의해 죽임을 당하는 유태인을 암시한다고 해석한다.

2주제 《지크프리트》는 신화와 심리학의 융합이 가장 뚜렷이 드러난 파트다. 오케스트라적 디테일이 풍부하고, 보탄과 지크프리트의 대결과 잠들어 있던 브륀힐데가 깨어나는 등 극적인 장면도 많다. 링 전편 중 대중성은 가장 떨어지지만 의미가 매우 큰 주제임은 분명하다.

추천 음반
지휘: Hans Knappertsbusch
출연: Siegfried: Bernd Aldenhoff | Brun-hilde: Astrid Varnay | Mime: Paul Kuen | Il Viandante: Hans Hotter | Alberich: Gustav Neidlinger
오케스트라: Chorus and Orchestra of the Bayreuth Festival, 1957.
녹음: Fonit Cetra(LP)

신들의 황혼

링 사이클의 마지막 주제《신들의 황혼》은 광대하고 복잡하게 전개된 링의 모든 테마를 종합하고 승화하여 메시지를 전하는 그야말로 링 서사시의 대단원이다. 반지가 라인강의 요정들에게로 다시 돌아간다는 점에서 마치 서막《라인의 황금》초입부와 같은 인상을 주기 때문에 이 파트는 대단원인 동시에 새 출발이기도 하다. 다만 보탄을 위시한 모든 주인공이 사라지거나 죽기 때문에 서막으로의 단순한 회귀는 분명 아니며, 모든 낡은 것이 없어진 자리에 새로운 질서, 새로운 패러다임이 시작된다는 그야말로 '새 출발'의 의미가 강하다. 3주제《신들의 황혼》은 바로 이 새 출발이란 무엇인가를 설명한다.

3주제에서 눈여겨보아야 할 포인트는 '마지막에 살아남은 자가 과연 누구인가'이다. 보탄도, 지크프리트도, 브륀힐데도, 하겐도 아니다. 바로 서막《라인의 황금》에 처음 등장하는 인물 알베리히다. 알베리히는 처음부터 제왕신 보탄과 대립하는 지상의 인물로 묘사되는데, 거의 모든 면에서 대립하면서도 한편으론 비슷하다. 반지를 차지해 세상을 지배하겠다는 욕심이 비슷하고, 자신의 욕망을 위해서라면 모든 걸 불사할 수 있다는 야심이 비슷하고, 자손들을 통해 의지를 실현하겠다는 꿈도 비슷하다. 다만 보탄은 자신의 잘못을 바로잡기 위해 반지를 라인강에 되돌려주려 하지만, 알베리히는 반지를 빼앗아 간 자를 저주하며 끝까지 포기하지 않고 링을 되찾으려 달려든다는 점이 다르다. 이런 대립 구도에서 마지막까지 살아남은 자가 알베리히라는 건 무슨 의미일까? 새로운 세상의 질서와 패러다임이 알베리히에 의해 만들어진다는 걸까?

M. 오웬 리(1990)는 바그너가 알베리히를 죽이지 않았지만 그를 새로운 세상의 주인공으로 선택한 것은 아님을 피날레에서 분명히 했다고 해석한다. 만약 알베리히가 새로운 세상의 주인공이라면 그가 링을 다시 차지하려 할 때《라인의 황금》의 테마(E flat)가 나타났어야 한다는 것이다. 하지만 피날레의 테마는 완전히 다른 새로운 테마(D flat)로 마무리되었다. 이 새로운 테마는 2주제《발퀴레》에서 지그린데가 잠깐 불러 미래를 암시했던 테마이며, 과거로의 회귀가 아닌 미래

로의 새 출발을 의미한다는 해석이다.

그렇다면 새로운 질서의 주인공은 누구이며 구체적으로 어떤 의미를 가지고 있을까? 이 질문에 답하기 위하여 바그너는 3주제를 여러 차례 수정했다고 한다. 처음에는 브륀힐데가 지크프리트의 시신을 안고 발할라로 올라가 보탄을 지키는 영웅으로 살게 하는 것으로 하려 하기도 하고, 많은 대사를 집어넣어 질문에 답하려고도 했다. 하지만 결국은 브륀힐데가 지크프리트의 시신을 안고 화염 속으로 사라지는 장면으로 끝내면서 많은 부분을 대사가 아닌 음악으로 처리하게 되었다고 한다. 지크프리트는 곧 보탄이 투영된 인물이기 때문에 보탄이 지배하던 구질서가 사라진다는 설정에 따라 죽을 수밖에 없는 운명인 반면, 브륀힐데는 구시대를 종결하고 새로운 시대를 창조하고자 하는 보탄의 의지다. 브륀힐데가 지크프리트와 함께 화염(구질서)에 몸을 던진다는 설정으로 완전히 새로운 패러다임으로의 전환을 상징할 수 있다는 것이다.

바그너는 친구 뢰켈에게 보낸 편지에서 브륀힐데의 죽음에 대해 "지크프리트 혼자만으론 반쪽에 지나지 않기 때문에 하나의 완전체가 되기 위해선 브륀힐데와의 결합이 필요하며, 이런 완전체라야만 세상을 변혁할 수 있다"고 설명했다고 한다. 결론적으로 링에서 새로운 세상을 지배할 주인공은 지크프리트와 브륀힐데의 죽음으로 다시 태어나게 된 세상의 인간들, 즉 보탄이 지배하던 세상에 살던 '무의식'

속 인간이 아닌 완전히 새로운 세상을 살아가는 '의식' 속 인간들이며, 이들이 지배하는 세상은 기존의 낡고 탐욕적인 세상이 아닌, 새롭고 절제하며 사랑이 깃드는 세상(적어도 그것을 꿈꾸는 세상)이라고 해석할 수 있다. 이런 점에서 링은 대단히 혁명적이며 진보적인 메시지가 강한 작품이다.

 마지막으로 잠깐 바그너의 링이 가진 특별한 매력에 대해 생각해보고자 한다. 링은 오페라 형식을 취하면서도 특별히 대중적인 아리아나 오케스트라가 있는 것도 아니고, 길고 지루하며 내용을 모르면 오페라 가수들의 노래가 귀에 잘 들어오지도 않는다. 하지만 왠지 모르게 궁금하고 자꾸 듣게 되는 깊이, 들을수록 마음을 움직이는 힘, 고통과 희망이 반복되면서 무언가 새로운 세계로 끌려가는 듯한 느낌(변증법적 발전) 등 여느 오페라와는 분명히 차별화되는 무언가가 있다.
 링이 바그너의 전작들에 비하더라도 유독 철학적인 음악이기 때문이다. 링은 바그너의 철학을 완벽한 규율하에 철저히 음악적으로 표현한 작품이기 때문에 '듣는 철학'이라고 할 수 있다. 따라서 들을수록 새로운 의미를 찾게 되는 것이다. 링을 관람한다는 건 오페라 극음악을 통해 문학과 철학을 동시에 읽는 것과 다름없다.
 링은 라인강과 숲 등 대자연을 노래하고, 막 산업화되어 탐욕으로 물들었던 19세기 유럽의 물질주의를 비판하는 의미도 담고 있지만,

궁극적으로는 인간의 내면을 다룬 작품이라는 해석이 일반적이다. 보탄과 알베리히, 지크프리트와 브륀힐데가 각각 빛과 어둠, 남성과 여성 등 인간 의식의 여러 면을 표현하는 가운데 프리카(양심), 로제(지성), 에르다(직관) 등 등장인물들이 모두 인간의 여러 특성을 대변한다. 프리카는 보탄이 지상의 아들 지그문트를 도와주려 하는 걸 알아차리고 그의 잘못을 일깨워주며, 에르다는 세상의 종말을 피하기 위해 보탄이 해야 할 일을 알려주고, 로제는 보탄이 화염 장벽을 설치하여 잠든 브륀힐데를 보호하는 것을 돕는다. 인간 내면에 있는 파괴적 충동과 창조적 충동, 선과 악, 고통과 환희 등 모든 상반된 면들이 서로 충돌하며 변증법적으로 발전한다. 결국은 지금까지 경험하지 못한 완전히 새로운 자신으로 거듭날 수 있음을, 바그너는 링을 통해 암시하는 것이다.

추천 음반
지휘: Georg SOLTI
출연: Brunhilde: Birgit Nillson | Siegfried: Wolfgang Windgassen | Hagen: Gottlob Frick | Gunther: Dietrich Fischer-Dieskau | Waltraute: Christa Ludwig
오케스트라: Vienna Phil, 1966.
녹음: London(LP)

Metropoli

2장.

메트로폴리탄 뉴욕의 예술과 문화

메트로폴리탄 뉴욕의 단면들

뉴욕 생활을 마치고 돌아온 후에도 가끔 뉴욕으로 출장을 갔다. 그때까지도 내가 지내던 때와 달라진 것을 거의 느끼지 못했다. 하지만 코로나19 발발 이후 미 전역을 통틀어 감염률과 사망률 1위를 기록했고, 한때는 영화 〈배트맨〉 시리즈에 나오는 고담시를 방불할 만큼 위험했다고 하니 그저 안타까울 따름이다. 코로나19 후폭풍으로 인종 간 혐오범죄가 눈에 띄게 늘었다는 기사를 볼 때마다 내가 머물렀던 그 뉴욕이 맞나 싶을 정도다. 워낙 다인종이 함께 사는 곳이어서인지 적어도 인종차별이 표면적으로 나타나는 일은 드물었다. 그랬던 뉴욕이 이렇게나 변했다는 건 그만큼 사회적 불안감이 크다는 의미일 것이다.

백신 접종이 이루어지고 있으니 앞으로 좋아지긴 하겠지만 아마도 뮤지컬, 오페라, 재즈 등 공연과 스포츠나 비치 등 야외 활동, 레스토랑이나 박물관 등 실내 활동은 모두 예전만 못할 것이다. 따라서 내가 본 뉴욕과 지금의 뉴욕, 앞으로의 뉴욕은 다를 수 있다. 혹자가 우리는 코로나19 이전의 삶으로 돌아갈 수 없다고 말했다는데, 그건 우리 모두에게 너무나 큰 손실이다. 과거 인류를 위협했던 위험 요소가 다 사라져갔듯이 이 또한 지나가리라고 믿고 싶은 마음뿐이다. 코로나19 시련이 지나가 우리도 세계도 뉴욕도 모두 예전의 평화로운 일상으로 돌아갈 수 있길 기대하며, 코로나 이전 체험했던 메트로폴리탄 뉴욕의 소소한 단면들을 몇몇 테마로 엮어 소개해보고자 한다.

오페라

보통 뉴욕, 하면 브로드웨이 뮤지컬을 먼저 떠올리고 뮤지컬 한두 편 정도 볼 계획을 세우지만, 클래식 음악에 관심 있는 편이라면 메트로폴리탄 오페라 관람을 적극 추천하고 싶다.

우선 뮤지컬은 너무 비싸다. 작품마다 다르긴 하지만 1층 오케스트라석 좋은 자리는 보통 200달러에 가깝고 TKTS 할인을 받더라도 100달러는 줘야 한다. 뒤편 안 좋은 좌석(rear Mezzanine)은 티켓 값이 싸긴 하지만 최소 60달러 이상이다. 그나마도 이런 뒷자리에서는 차라리 안 보는 게 낫겠다 싶을 정도로 공연이 잘 보이지 않는다. 반면 링컨센터 오페라하우스는 제일 저렴한 좌석(family circle) 가격이 35~40달러 정도이고, 오페라하우스 자체가 잘 지어져서인지 뮤지컬 홀과는 달리 뒷좌석에서 보아도 크게 무리가 없다. 물론 얼굴은 잘 안 보인다. (잘 보고 싶다면 관람용 글라스를 이용하면 된다.) 다만 오페라도 레퍼토리가 인기 있는 경우에는 가격이 싼 좌석부터 매진되기 쉽고 공연일에 가까워질수록 가격이 높아지기 때문에 미리 예약해야 한다. 홀의 양 사이드 위층 발코니석 일부(partial view)도 40달러 내외로 저렴한 편이지만 거의 한쪽 시야를 포기해야 하기에 추천하고 싶지는 않다.

오페라하우스의 또 한 가지 장점은 각 좌석마다 의자 상단에 자막기가 설치되어 있어 공연과 자막을 동시에 보기 좋다는 점이다. 공연 시간은 뮤지컬이 두 시간 내외(인터미션 1회)로 짧은 반면 오페라는 약

세네 시간(인터미션 2~3회)으로 상당히 길다. 저녁 공연 관람 시 귀갓길이 불편하다는 것이 단점이 될 수 있다. 장소적 접근성은 뮤지컬 극장이 밀집해 있는 타임스퀘어 부근 브로드웨이가 시내 한복판이라는 점에서 뮤지컬이 더 좋지만, 링컨센터도 타임스퀘어에서 그다지 멀지 않고 지하로 지하철역이 연결되어 있어 크게 불편하지는 않다. 다만 오페라는 여름(6~8월)이 비시즌이라 공연이 없고, 시즌 중에도 일주일에 약 2~3회, 작품당 1~2개월 정도만 공연하기 때문에 보고 싶은 공연을 언제든 선택해서 보기는 어렵다는 단점이 있다.

공연의 수준은 메트로폴리탄 오페라나 브로드웨이 뮤지컬이나 세계 최고 수준이니 비교하기 어렵다. 클래식 음악에 관심이 적은 사람이라면 오페라는 길고 지루하게 느껴질 가능성이 높으니 뮤지컬이 훨씬 재미있을 수 있다.

참고로 예약한 오페라 공연을 관람하기 어렵게 된 경우에는 24시간 전에만 취소하면 수수료를 제외하고 상당 부분을 돌려받을 수 있다. 당일 차가 막히거나 하여 공연 시간보다 늦게 도착하는 경우에는 (뉴욕엔 이런 일이 흔하다.) 무리하지 말고 천천히 가서 일단 따로 마련되어 있는 비디오 룸에 들어가 보면 된다. 1막이 끝나고 2막이 시작하기 전 인터미션에 입장하여 지정석에 앉으면 된다.

발레

뉴욕에서 꼭 보아야 할 공연으로 뮤지컬도, 오페라도 아닌 발레를 추천하는 사람들이 많다. 오페라나 뮤지컬은 웬만한 나라라면 공연 인프라가 잘 갖추어져 있어 언제나 볼 수 있고 순회공연도 많지만, 발레는 저변이 열악한 데다 순회공연도 적기 때문에 현지가 아니라면 그 진수를 맛보기 어렵다는 것이다.

링컨센터 오페라하우스는 오페라가 휴장하는 비시즌(5~7월)에 ABT(America Ballet Theater)의 프로그램을 공연한다. ABT는《백조의 호수 *Le lac des cygnes*》《지젤 *Giselle*》같은 전통 발레 위주로 공연한다. 전통 발레극을 보려면 이 기간을 이용하는 것이 좋다.

티켓은 보통 네다섯 편 정도를 묶어 패키지로 판매하는데, 오페라와 마찬가지로 저렴한 family circle 좌석(보통 40달러)도 관람하는 데 전혀 무리가 없다. 오페라보다도 덜 대중적이어서 만석이 되는 경우가 드물다. 공연 시간도 대체로 2시간 정도로 오페라보다 훨씬 짧아 저녁 공연을 보더라도 부담이 덜하다는 것이 큰 장점이다.

한편 오페라하우스 바로 옆 건물 발레 전용 극장에서 공연하는 NYCB(New York City Ballet)는 전통적인 프로그램도 다루지만 현대 발레극을 많이 공연하는 데다 상설로 공연하기 때문에 선택의 폭이 더 넓다. 언젠가 같은 《백조의 호수》를 두 발레단이 공연하여 비교해 볼 기회가 있었다. ABT가 좀 더 고전적인 해석이라면 NYCB는 보다 실험적인 해석으로 그 차이가 분명함을 느낄 수 있었다.

필하모닉, 소공연

링컨센터를 이루는 세 건물 가운데 오른편 가장 큰 건물 데이비드 게펀 홀(David Geffen Hall)은 역사와 전통을 자랑하는 뉴욕 필하모닉(New York Philharmonic)의 전용 플랫폼이다. 연주 홀의 구조상 1층 오케스트라석이 상당히 넓고 길기 때문에 비교적 저렴한 가격대(뒷좌석 약 50달러)로 볼 수 있어 가격 대비 효용이 매우 높은 편이다. 뉴욕에 장기간 체류하는 클래식 애호가라면 멤버십을 구매하여 이용하는 것도 한 방법이다. 관람 횟수가 많은 고객에게는 필하모닉의 리허설 공연을 무료 참관할 수 있는 티켓을 메일로 보내주기도 한다. 운영을 기부금에 상당 부분 의존하기 때문에 관람 빈도가 높은 관객들을 따로 관리하는 시스템이 잘 갖추어진 것 같다.

 뉴욕 필하모닉의 구성을 보면 특히 바이올린에 우리나라 연주자들이 대거 포진해 있음을 알 수 있다. 놀라움과 자랑스러움이 교차하는 순간이다.

 뉴욕 필은 링컨센터 상설 공연장 외에도 여름에는 센트럴파크나 뉴욕 근교 해변 등에서 야외 콘서트를 한다. 이 기회를 적극 활용할 것을 권한다. 센트럴파크 야외 공연의 경우 공연장의 음향효과가 생각하는 수준을 훨씬 뛰어넘는다. 잘 안 들리겠지, 들리더라도 형편없는 소리겠지, 생각하고 갔다가 마치 실내에서 듣는 듯 뛰어난 음향에 깜짝 놀란 적이 있다. 돗자리와 간이 의자, 간단한 샌드위치 등은 필수 준비물이다. 한여름 밤을 베토벤 심포니 3번 〈에로이카*Eroica*〉(또는 드보르자크 심포니 9번 〈신세계〉. 이 두 곡이 단골 레퍼토리다.)가 울려 퍼지는 센트럴파크 한복판에서 보내는 것도 뉴욕 여행 중 간직할 만한 멋진 추억이 될 수 있다.

 링컨센터 데이비드 게펀 홀이 뉴욕 필하모닉의 심포니를 주로 공연하는 홀이라면 근처 콜럼버스 서클 인근에 있는 카네기홀(Carnegie

Hall)은 피아노, 바이올린 독주회나 협주회, 성악 리사이틀 등 소공연을 주로 올리는 뉴욕의 또 다른 랜드마크다. 우리나라의 바이올리니스트 정경화와 피아니스트 조성진 등 유명 연주자들도 종종 공연하는데, 우리 연주자들의 공연일에는 재미 한국인 관객들로 홀이 가득 차는 진풍경을 볼 수 있다.

  카네기홀은 링컨센터보다 더 오래전에 지어져서인지 아주 뒷좌석에서는 보기가 약간 불편하다. 하지만 음향 시설이 워낙 탁월하기에 연주를 듣는 데는 전혀 문제가 없다. 언뜻 보기에는 음향 시설이 없는 것처럼 보일 만큼 무대가 허전한데도(달랑 마이크 하나만 내려온다.) 소리가 그 큰 공간을 가득 메우는 걸 보면 신기하기까지 하다. 바이올린의 미세한 떨림까지 생생하게 전해질 정도로 음향이 정교하다. 보통 3개월 치 공연 일정이 미리 공개되기 때문에 레퍼토리를 미리 체크하고 예약하면 좋은 공연을 합리적인 가격으로 즐길 수 있다.

쇼핑

요즘엔 웬만한 필요는 온라인 쇼핑으로 해결하기 때문에 오프라인에서 쇼핑할 기회가 많이 줄었다. 그래도 사이즈 실측이나 신뢰성 등 여러 측면에서 오프라인 쇼핑은 여전히 필요하므로 몇 가지 팁을 알아두면 좋을 것 같다.

먼저 뉴욕에서는 '세일'이라는 문구에 현혹되어서는 안 된다. 거의 모든 브랜드가 연중 내내 세일을 하기 때문에 50% 세일은 당연한 것이고 60% 세일 정도는 해야 한번 기웃거려볼 만하다. 세일을 거의 하지 않는 고급 브랜드의 경우에도 마음이 든다고 바로 사지 말고 일 년에 한두 차례(보통 상하반기 각 1회) 하는 샘플 세일을 노려볼 것을 권한다. 인기 있거나 정말 마음에 드는 물건이라면 매장에서 구입하는 것도 좋겠지만, 그렇지 않다면 기다렸다가 헐값에 살 수 있는 기회를 활용하는 것도 좋다.

말이 샘플 세일이지 실제로는 남은 재고를 처리하는 경우가 많다. 다만 재고라 해도 아웃렛처럼 이월 상품을 파는 게 아니라 그해 팔고 남은 따끈따끈한 아이템을 판다는 점은 충분히 매력 있다.

거의 모든 브랜드가 일 년에 한두 차례 샘플 세일을 하는데 일정은 인터넷으로 쉽게 확인할 수 있다. (1년 치 일정이 공개된다.) 샘플 세일이 특히 뉴욕에서 활성화되어 있는 건 그만큼 패션의 본고장이고 수요층이 두터워 재고 순환이 빠르게 이루어지기 때문이다. 보통 70~80% 내외로 할인이 이루어지므로 평소 엄두 내기 어려운 명품 브랜드도 구입해볼 수 있다. 그러나 여러 브랜드 제품을 한곳에 모아 판매하는 만큼 충동구매하게 될 확률이 매우 높다. 미리 관심 있는 품목의 목

록을 만들어 이것 외에는 절대 사지 않겠다고 단단히 다짐해야만 계획에 없는 구매를 피할 수 있다.

뉴욕에만 있는 도심 속 아웃렛 센추리 21(Century 21)도 추천하고

싶다. 상시 65% 세일로 할인율이 꽤 높고 프리미엄 브랜드 위주로 판매하기 때문에 제품의 질도 좋다. 아무 때나 가도 가격 대비 질 좋은 제품을 구할 수 있는데, 특히 여름과 겨울이 끝나가는 9월과 1월의 90% 재고 처리 시즌을 잘 활용하면 샘플 세일 못지않게 만족스러운 쇼핑을 할 수 있다. 단점은 디스플레이가 산만해서 시간을 가지고 잘 찾아봐야 하고, 사람들이 늘 붐비기 때문에 사기 수법을 조심해야 한다는 것이다. 가끔 부딪치는 척하면서 안경을 떨어뜨리고 수리비를 요구하는 경우도 있다. 이런 일을 당하면 사과한 후 무조건 경찰서에 가자고 해야 한다. 그러면 대부분 슬그머니 사라진다.

센추리 21은 지점이 여러 군데 있지만 다운타운 월드 트레이드 센터 옆 본점이 제품의 다양성 등 여러 측면에서 가장 만족도가 높다. 백화점 카드를 만들어 사용할 경우 캐시백 비율이 꽤 높다는 것도 장점이다.

센추리 21이 프리미엄 도심 아웃렛이라면 중저가 도심 아웃렛으로는 TJ 막스(TJ Maxx)나 마셜(Marshall) 등이 있다. 이들 역시 디스플레이가 매우 산만하여 발품을 팔아야 하지만 눈여겨보면 가격 대비 품질이 상당히 좋은 제품들을 어렵지 않게 발견할 수 있다. 청바지, 내의 등을 구입할 때는 이들 중저가 스토어를 활용하는 것도 좋다.

백화점 중에는 뉴욕의 상징이라 할 수 있는 메이시스(Macy's)가 가장 다양하고 순환이 빠르며 무난하다. 비싼 제품부터 저렴한 제품까지 가격대가 넓고 할인 코너도 많아 효율적인 쇼핑을 즐길 수 있다. 시내 한복판에 있다는 것 또한 큰 장점이며 바로 건너편 코리아타운에서 식사도 할 수 있어 가족이나 친지들과 시간을 보내기 편하다.

그밖에 중저가 백화점 노드스톰(Nordstorm), 중고가 백화점 블루밍데일즈(Bloomingdale's), 고가 백화점 바니스 뉴욕(Barney's New York), 헨리 벤델(Henry Bendel), 색스 피프스(Saks Fifth), 초고가 백화점 버그도르프 굿맨(Bergdorf Goodman) 등을 각각의 특성에 맞게 활용하면 좋다. 고가로 갈수록 디스플레이가 잘되어 있는데, 블루밍데일즈는 아주 고가도 아니면서 디스플레이가 깔끔해 약간 비싼 제품을 여유있게 쇼핑할 때 유리하다. 자체 브랜드도 만드는데 가격 대비 품질이 상당히 좋다. 사실 미국 백화점들은 대체로 디스플레이가 난잡하여, 이들 백화점을 보다 보면 우리나라 백화점이 얼마나 디스플레이가 뛰어나고 쇼핑하기 편한지 알 수 있다. 개인적으로 블루밍데일즈가 우리나라 백화점과 가장 비슷한 느낌이었다.

바니스 뉴욕은 가장 뉴욕다운 백화점으로 소문날 만큼 실험적이고 앞서가는 패션을 선보인다. 역시 자체 브랜드를 생산하는데 품질이 뛰어나지만 가격이 부담스러울 만큼 비싼 편이다. 헨리 벤델은 주로 여성 액세서리를 취급하는 백화점으로 대중적이진 않지만 매니아들에겐 그야말로 보석 같은 백화점이다. 록펠러 센터 앞 시내 한복판에 있는 색스 피프스는 디스플레이로 유명하다. 연말 크리스마스 시즌에는 디스플레이를 보러 사람들이 몰릴 정도다. 센트럴파크 남단 티파니(Tiffany) 옆에 있는 럭셔리 백화점 버그도르프 굿맨(Bergdorf Goodman)은 우리가 생각하는 것보다 영이 하나(많으면 두 개) 더 붙어 있다고 생각하면 될 정도로 초고가 백화점이다. 아이 쇼핑만으로도 상당한 만족감을 느낄 수 있다.

뉴욕 쇼핑의 필수 코스라 할 만큼 유명세를 탔던 우드버리 아웃렛(Woodbury Common Premium Outlets)은 여전히 사람들이 많이 찾지만 과거만은 못 한 느낌이다. 가격은 매력적이지만 약간 오래된 디자인, 시내에서 1시간 거리로 꽤 멀다는 점 등이 단점이다. 하지만 뉴욕 브랜드로 각광받고 있는 토리버치(Tory Burch) 등 가방류나 에코(Ecco), 나이키(Nike) 등 신발류, 윌리엄스 소노마(Williams Sonoma) 등 주방 기기류는 여전히 상당한 가격 경쟁력을 가지고 있다. 무엇보다 날씨 좋은 주말에 가족들과 거닐며 가볍게 쇼핑하고 산책하기에는 최고의 아웃렛이다.

중고 의류 처분

뉴욕은 중고 의류 거래가 매우 활발하다. 최근 우리나라도 당근마켓 같은 플랫폼이 등장하여 온라인 중고 거래 열기가 뜨거워졌지만, 오프라인 중고 거래에 있어서는 아마도 뉴욕, 특히 브루클린이 최고가 아닐까 싶다. 빈티지 의류 취급점 가운데 최신 브랜드까지 취급하는 비콘스클로젯(Beacon's closet)은 브루클린과 맨해튼 곳곳에 지점이 있어 접근성도 좋다. 운전면허나 여권만 있으면 누구나 중고 의류(가방, 신발, 액세서리 포함)를 매도할 수 있어 여행객도 중고 의류 처분이 가능하다. 처분하고자 하는 의류를 접수대에 등록한 후 30분 정도 기다리면 심사 후 결과표를 준다. 등록할 때 심사 과정을 직접 보겠느냐고 묻는데 선호에 따라 대답하면 된다. 결과표에는 이들이 심사해서 평가한 매입 금액이 현금 또는 크레딧으로 표기되는데, 현금으로 받아가거나 크레딧으로 다른 물건을 구입할 수 있다. 보통 크레딧 평가액이 현금 평가액보다 높기 때문에 같은 가게에 마음에 드는 중고 의류가 있다면 크레딧을 쓰는 것이 훨씬 유리하다.

   이들이 제시하는 매입가는 많이 낮은 편이지만 거의 입지 않을 옷을 처분한다고 생각하면 그렇게 낮은 것도 아니다. 매입률은 맨해튼보다는 브루클린이 높으며(브루클린 상점의 공간이 훨씬 넓기 때문이다.) 이

들이 매입을 거절한 물품들은 그 자리에서 기부하고 나와도 된다. 어차피 쓰지 않을 물건이라면 기부하는 것도 기분 좋은 일이다.

뉴요커들은 의류를 소모품으로 여겨 자주 바꾸는 경향이 있다. 그래서 최신 명품 브랜드들이 자주 회전되기 때문에 헐값에 거의 신품과 같은(가끔 신품도 있다.) 명품을 살 수 있다. 처음엔 중고 의류에 대한 거부감이 클 수 있지만, 가격과 질 모두 만족스러운 물건을 살 수 있다는 걸 직접 경험하면 점차 거부감이 줄어든다. 재미있는 빈티지 제품도 구경할 겸 집에서 잘 입지 않는 옷들을 처분할 겸 가끔 빈티지 상점을 들러보는 것도 좋은 경험이 될 수 있다.

음반

요즘과 같은 디지털 시대에도 아날로그의 역사가 깊은 맨해튼 곳곳에는 LP를 파는 곳이 많다. 반스앤노블(Barns&Noble) 같은 대형 서점, 중소 독립서점 할 것 없이 한구석에 꼭 LP 코너가 있고, 유명 아티스트들도 신보를 낼 때 LP 앨범을 함께 출시한다. 가격은 5~30달러로 저렴한 편이며, 그중에서도 NYU가 있는 그리니치 빌리지(Greenwich village) 부근이 가장 싸다.

중고 LP는 머서 북스토어(Mercer bookstore)와 제너레이션레코즈(Generationrecords) 등에서 클래식의 경우 보통 5달러 이내, 비싸도 10달러 이내에 살 수 있다. 락이나 재즈 LP 등은 이보다 두세 배 정도 비싸다. 일반 서점 LP 코너는 대부분 재발매된 신제품을 판매하기 때문에 30달러 내외로 더 비싸다.

소호에 위치한 하우징 웍스 북스토어(Housing works bookstore)같이 비영리단체에서 운영하는 곳은 기부받은 중고 LP를 팔기 때문에 가격이 5달러 이내로 더 저렴하고 운이 좋으면 가끔 희귀 앨범을 구매할 수도 있다. 이밖에 중고 LP 전문 판매점들이 많지만 가격대가 20달러 내외로 아마존 구매에 비해 장점이 거의 없는 경우가 많다.

MoMA 필름

　뉴욕에 오는 사람들이 호텔에 짐을 풀고 가장 먼저 찾는 곳은 어디일까? 타임스퀘어나 MoMA, 록펠러센터 정도가 아닐까 한다. 이 중에서 MoMA는 첫날 피곤한 몸을 이끌고 한두 시간 정도 가볍게 둘러보기 아주 좋은 곳이다. 그러나 영화에 관심이 많은 사람이라면 MoMA 바로 옆 건물에 위치한 MoMA 필름(MoMA Film)도 들러 영화 한 편을 꼭 보라고 권하고 싶다. 연중 쉬는 날 없이 매일 점심 저녁으로 상영하기 때문에 어느 시간에 가도 상영작이 있다. 또 대부분 다른 곳에서 볼 수 없는 클래식 영화 또는 최신 독립영화, 예술영화 등을 상영하기 때문에 두 시간 정도 투자할 만한 가치가 충분하다.

관람료는 10달러 이내인데, MoMA 회원이라면 1달러다. 인터넷을 통해 손쉽게 영화 스케줄을 확인하고 예매할 수 있다. 운이 좋으면 평생 보기 어려운 영화를 보는 행운을 얻을 수도 있고, 현대물의 경우 영화가 끝난 후 감독과 직접 대화하는 시간이 마련되어 있어 질문도 할 수 있다. 현대 플래티넘 카드 소지자는 무료로 MoMA에 입장할 수 있으며, 기본 연간회원권 가격은 85달러 정도다.

재즈 클럽

뉴욕의 밤 문화 하면 빼놓을 수 없는 곳이 재즈 바다. 재즈는 남부 뉴올리언스 지역에서 기원했다는데 실제 성업을 이루었던 곳은 뉴욕이다. 1900년대 초중반 전설적인 재즈 뮤지션들이 뉴욕에 모였기 때문이다. 20세기 후반 이후 재즈가 인기를 잃으면서 많은 재즈 바가 문을 닫았지만 맨해튼엔 지금까지도 명맥을 유지하고 있는 전통적인 재즈 바가 많다.

그중 가장 대표적인 곳이 미드타운 서쪽에 위치한 버드랜드(Birdland)다. 지금도 맨해튼에서 가장 수준 높은 뮤지션들이 품격 있게 연주하는 곳으로 정평이 나 있다. 식사하며 관람하는 디너 테이블 시스템이다. 한쪽 구석에는 가볍게 한잔하며 볼 수 있는 바도 있다. 가격은 매일 쇼마다 다른데 보통 1인당 기본 30달러 내외(식사 별도) 수준이다. 가족이나 손님 등과 품위 있게 재즈를 즐기고 싶거나 시간이 없어 딱 한 군데만 들러야 한다면 버드랜드를 추천한다.

정통 재즈 클럽은 아니지만 빅밴드(big band)나 스윙(swing)을 즐기고 싶다면 미드타운의 스윙 46(Swing 46)도 좋다. 이곳도 주로 디너 테이블 시스템인데 식사의 수준이 상당하다. 중간에 스윙을 가르쳐주는 코너도 있어 관객들이 함께 어울려 스윙을 추기도 한다. (춤추는 관객 중 일부는 종업원인 것 같다는 의심이 든다.)

다른 유명 재즈 바들은 대개 다운타운에 있다. NYU 근처의 블루 노트(Blue Note)가 대표적이다. 블루 노트도 최고의 뮤지션이 연주하

며 디너 테이블 시스템이다. 가격도 버드랜드와 비슷하지만, NYU 근처 술집과 레스토랑이 즐비한 곳에 있어 버드랜드에 비해 캐주얼하고 자유로운 느낌이다. 술이나 음료를 마시며 재즈를 즐길 계획이라면 이곳을 추천한다.

블루 노트 근처 그루브(Groove)는 정통 재즈 바는 아니지만 퓨전 음악을 라이브로 들으며 왁자지껄 떠들기 좋다. 입장료 5달러만 내면 되어 저렴하게 여럿이 흥을 내고자 한다면 매우 적합한 장소다. 식사고 뭐고 정말 재즈 그 자체만 즐기고 싶다면 그리니치 빌리지의 스몰스 재즈 클럽(Smalls Jazz Club)을 권한다. 이곳은 테이블 없이 바만 있어 식사는 할 수 없다. 연주자 바로 앞에 삼삼오오 모여 앉아 재즈를 즐기는데, 아주 협소한 지하 공간이라 앞자리로 연주자들의 침이 튀는 경우가 많다. (코로나19 시국엔 치명적인 단점이다.) 젊고 파격적인 뮤지션들이 많이 나오기 때문에 매우 참신한 느낌이다. 재즈 수준이 높거나 새로운 트렌드를 확인하고 싶다면 필수 코스다.

업타운으로 가면 링컨센터 부속 건물에 디지스 클럽 코카-콜라(Dizzy's Club Coca-Cola)가 있다. 이곳은 실력 있는 재즈 뮤지션들의 등용문이기도 한데 정통 재즈라기보다는 약간 현대적인 느낌이다. 유명한 타임 워너(Time Warner) 건물 안에 있어 분위기도 상당히 깔끔하다. 너무 현대적인 공간이라 허름한 재즈 바 특유의 맛을 느끼기는 어렵다는 단점이 있지만, 중요한 손님과 격식을 차리고 싶을 때 좋다. 테이블과 바가 적당히 섞여 있어 식사하지 않고 바에서 맥주나 칵테일만 마실 수도 있다. 가격대는 버드랜드나 블루 노트와 비슷하다.

마지막으로 추천하고 싶은 곳은 할렘 부근에 위치한 스모크 재즈 앤 서퍼 클럽(Smoke jazz & supper club)이다. 오랜 전통을 가진 이곳은 작고 테이블도 그리 많지 않지만, 최고의 재즈 뮤지션과 음식으로 유명하다. 특히 이름에서부터 말해주듯 음식 맛이 뛰어나 식사만 하기에도 훌륭한 레스토랑이다. 가격이나 분위기는 대체로 블루 노트와 유사하다. 할렘 근처라 약간 불안한 마음이 들기도 하지만, 지하철역에 가까운 대로변에 있어 밤에도 그리 위험하게 느껴지진 않는다.

박물관

　뉴욕의 박물관에 대해서는 워낙 많은 정보가 공유되어 있으니 부연할 필요는 없을 것 같다. 실제 관람을 통해 느낀 점 위주로 이야기하고자 한다.

　MoMA는 접근성이나 내용 모든 면에서 뉴욕의 상징적인 랜드마크인 만큼 반드시 보고 느껴야 할 공간이다. 주요 작품이 주로 4층과 5층에 몰려 있기에 5층부터 내려오면서 관람하는 것이 좋다. 5층 테라스 카페는 식사는 그저 그렇지만 꼭대기에서 MoMA 전체를 내려

다보면서 먹을 수 있어 가볍게 커피와 샌드위치 정도 즐기면서 휴식하기에 매우 좋은 공간이다. 사진 찍기에도 그만이다. 4~5층엔 작품 수는 적지만(작품 수가 적은 게 오히려 장점이다.) 고흐의 〈별이 빛나는 밤〉, 피카소의 〈아비뇽의 처녀들〉, 달리의 〈기억의 지속〉, 마티스의 〈군무〉, 모네 〈수련〉 등 유명한 19세기 작품들을 만나볼 수 있다. 앤디 워홀, 폴락, 리히텐슈타인 등 현대미술 거장들의 작품도 상설 전시되고 있어 볼거리가 풍부하다.

    2층 카페도 박물관치고 메뉴의 수준이 높은 편이다. 1층 기프트숍에는 신기한 창작 기념품들이 많이 있어 눈요기하거나 선물용으로 가볍게 몇 점 구입하기 좋다. MoMA 관람을 마친 뒤엔 앞서 말한 대로 옆 건물 MoMA 필름에서 꼭 영화를 보기를 권하고, 여유가 있다면 그 옆에 있는 더 모던(The Modern)이라는 레스토랑에서 식사해보라고 권하고 싶다. 비싸긴 하지만 대형 창문 밖으로 MoMA 정원과 연결되어 있어 MoMA를 밖에서 보면서 식사하는 느낌이 매우 독특하다.

    MoMA에 들른 후 본격적으로 뉴욕의 박물관을 돌아보려면 조금씩 이동 범위를 넓혀가야 한다. 먼저 한나절 코스로 추천하고 싶은 곳이 메트로폴리탄 뮤지엄 건너편 이스트 지역의 소형 박물관들이다.

    더 프릭 컬렉션(The Frick Collection)은 20세기 초 피츠버그를 기반으로 성공한 철강왕 프릭이 뉴욕으로 건너와 살면서 수집한 작품들을 모아놓은 곳이다. 특히 유명한 여성 초상화가 많다. 전 세계에 35점밖에 남아 있지 않은 요하네스 페르메이르(Johannes Vermeer, 1632~1675)의 작품도 3점이나 전시되어 있어 크기보다 내용이 뛰어난 박물관이다. (매월 첫 주 금요일과 매주 일요일 오전은 voluntary pay) 내부 휴식 공간도 아름다운 정원처럼 잘 꾸며놓았다.

바로 근처에는 NEUE 갤러리(NEUE Galerie)가 있다. 독일과 오스트리아의 20세기 초반 작품을 주로 전시하는 작은 화랑으로, 클림트의 작품이 대거 전시되어 있기로 유명하다. 내부 카페 사바스키(Sabarsky)는 오스트리아풍 카페로 정통 비엔나 커피를 맛볼 수 있다. 화랑의 전체적인 분위기가 매우 고급스러우면서도 아담하여 잠시 둘러본 후 카페에서 시간을 보내기에 안성맞춤이다.

근처에는 매우 유명한 솔로몬 R. 구겐하임 뮤지엄(Solomon R. Guggenheim Museum)이 아름다운 외관을 뽐내고 있다. 뉴욕에서 최고의 테마를 가진 박물관을 뽑으라면 구겐하임을 꼽고 싶다. 2, 3층에 상설로 전시되는 칸딘스키의 작품들도 좋지만, 테마에 따라 계속 바뀌는 나머지 층의 기획 전시 작품들이 매우 참신하고 재미있다. 최근엔 '아메리카(America)'라는 이름의 황금 변기가 새로운 시그니처 작품으로 떠올랐다. 이 변기는 5층 화장실에 있어 실제로 사용된다. 따라서 고장 나면 관람이 불가한데 사람이 많이 드나들어 자주 고장 나기 때문에 운이 좋아야 볼 수 있다.

센트럴파크 동쪽에서 보아야 할 박물관이 이제 꼭 하나 남았다. 바로 시카고, 보스턴 뮤지엄과 더불어 미국 3대 박물관의 하나라고 하는 메트로폴리탄 뮤지엄(The Metropolitan Museum of Art)이다. 워낙 방대하여 전체를 꼼꼼히 보려면 며칠을 보아도 부족하다. 미리 계획하지 않고 관람했다간 갈팡질팡하다가 다리만 아플 수 있다. 실제로 한 번 가보고 피곤했던 기억 때문에 다시는 메트로폴리탄 뮤지엄을 찾지 않는 사람들도 많다.

주로 유럽 인상파의 그림이 집중 전시되어 있는 유럽관과 피라미드의 일부를 그대로 옮겨와 전시하고 있는 이집트관, 다비드상 등이 있는 중세 조각관에 사람이 많이 몰린다. 먼저 유럽관을 꼼꼼히 둘러보는 것을 권한다. 옥상에는 높진 않으나 맨해튼 전경을 한눈에 볼 수 있는 야외 테라스 카페가 있다. 잠시 들러 커피와 스낵을 즐기기 좋다.

아이들과 함께 둘러보기 좋은 박물관으로는 센트럴파크 서편 콜럼버스 서클 주변의 미국 자연사 박물관(American Museum of Natural History)이 있고, 아주 독특한 박물관으로는 중세 유럽의 수도원을 모방한 클로이스터스 미술관(The Cloisters Museum and Gardens)이 있다. 클로이스터스 미술관은 맨해튼 북쪽 허드슨 강변의 다소 외곽에 있어 접근성 면에서는 가장 불편하지만 지하철역에서 박물관 바로 앞까지 버스를 운행하므로 차 없이도 갈 수 있다. 매우 독특한 박물관이기 때

문에 시간 여유가 있다면 꼭 관람할 것을 권한다. 허드슨 강변을 끼고 있어 맨해튼 서쪽의 풍광을 조망하기에도 그만이다.

박물관 건물은 중세 유럽의 수도원을 그대로 모방하여 1930년대에 건축되었다. 중세 유럽 수도원의 일부분을 뜯어서 그대로 옮겨왔다고 하는데 중세 벽화들이 뜯긴 모습 그대로 전시되고 있는 것도 특이하다. 12~15세기 중세 조각과 미술품들을 집중적으로 전시한다. 특히 유니콘을 소재로 연속하여 짠 '유니콘 태피스트리(unicorn tapestries)'가 매우 유명하다. 보고 있으면 실제 유니콘이 중세에 살아 사람들이 이를 사냥했다고 착각하게 될 정도로 생생하다. 내부 정원에는 중세 수도원에서 기르던 식물들이 자라고 있어 마치 시간을 거슬러 중세로 돌아간 듯 아늑하다.

　뉴욕의 미술관 하면 휘트니 뮤지엄(Whitney Museum of American Art)도 빼놓을 수 없다. 예전에는 센트럴파크 인근에 있었지만 2015년 맨해튼 서남단 첼시 지역으로 자리를 옮겨 초현대식 건물로 새단장하였다. 명성에 걸맞게 현대미술로는 가히 최고라 할 만하다. 전시 작품 수가 별로 많지 않아 아쉽다는 느낌이 들 정도로 관람이 편한 것도 큰 장점이다. (다리가 전혀 아프지 않다.) 첼시는 지역 자체가 현대미술의 메카로 자리 잡고 있다. 짧은 관람이 좀 아쉽다면 근처 곳곳에 있는 작은 화랑들을 돌아보는 것도 좋은 경험이 될 수 있다.

　이밖에도 맨해튼 내에는 크고 작은 뮤지엄들이 많다. 그 가운데 더 모건 라이브러리&뮤지엄(The Morgan Library&Museum)과 더 아메리칸 인디언 국립박물관(National Museum of American Indian)을 추천한다. 더 모건 라이브러리&뮤지엄은 세계 굴지의 투자은행 JP 모건의 창립자 J. P. 모건이 실제 살았던 집을 개조하여 만든 공공박물관이다. 당시 가장 유명한 예술 컬렉터였던 그가 수집한 희귀서, 악보, 그림 등이 전시되어 있고, 대공황 당시 미국의 중앙은행 역할을 수행할 정도로 위세가 등등했던 JP 모건의 역사를 한눈에 볼 수 있다. 미국 경제와 금융에 대해 공부도 할 겸 둘러보길 추천한다.

더 아메리칸 인디언 국립박물관은 황소상이 있는 월 스트리트(Wall Street) 주변에 있어 다운타운을 구경하다가 들르기 좋은 박물관이다. 다른 여정을 제치고서라도 꼭 들러보라고 권할 만큼 대단한 곳은 아니지만 미국 초기 인디언들의 거의 모든 것을 전시하고 있어 아이들과 함께하거나 미국의 초창기 역사를 살펴보고 싶다면 빼놓을 수 없는 곳이다.

미드타운 서쪽 허드슨 강변에 자리한 인트리피드 시, 에어&스페이스 뮤지엄(The Intrepid Sea, Air&Space Museum)은 제2차 세계대전 당시의 항공모함 인트리피드(Intrepid)를 개조해서 박물관화한 것이다. 실제 전함의 내부 구조 등을 살펴보는 재미가 꽤 쏠쏠해서 전쟁사나 해군에 관심이 많다면 볼 만하다. 메모리얼 데이(Memorial day) 등에는 참전용사들을 추모하는 행사가 열리기도 한다.

맨해튼에서 30분 거리 뉴저지에 있는 토머스 에디슨 국립역사공원(Thomas Edison National Historical Park)도 또 하나의 특이한 박물관이다. 에디슨이 실제 살았던 집과 무수한 발명품을 만들어낸 사무실, 공장이 그대로 보존되어 관광객들을 맞이하는데, 발명 당시의 분위기를 생생하게 느낄 수 있을 만큼 보존 상태가 좋다. 특히 아이들을 위한 프로그램이 따로 마련돼 있어 아이들을 데리고 가보기에 좋다.

맨해튼에서 뉴저지 반대 방향, 즉 브루클린으로 30분 거리에 있는 브루클린 뮤지엄(Brooklyn Museum)은 그 크기나 전시 내용 등 여러 면에서 뉴욕의 대표 박물관이라 해도 손색이 없을 만큼 뛰어나다. 실제보다 과소평가되었다고 생각했다. 특히 현대 미국 화가들의 작품들이 많이 전시되어 있어 미국적인 예술품을 집중적으로 관람하고 싶다면 꼭 둘러보아야 한다.

맨해튼에서 퀸스 방면으로 30분 거리에는 영상과 관련한 모든 것을 전시해놓은 미국 영상 박물관(Museum of the Moving Image)이 있다. MoMA에 빗대어 일명 'MoMI'라고도 불리는 곳인데 규모는 작지만 과거 무성영화 시절의 영상 장비 등 오래된 기기가 많이 전시되어 있다. 뉴욕이 자랑해 마지않는 영화감독 마틴 스코세이지(Martin Scorsese) 특별관도 마련되어 있으니 영화 마니아라면 경험해보길 권한다.

맨해튼 조망

해안을 끼고 아름답게 조성된 오래된 도시 맨해튼, 그 전경을 한눈에 바라보는 것은 그 자체로 뉴욕의 중요한 관광 코스다. 그래서 누구나 맨해튼을 잘 조망할 수 있는 스폿(spot)을 찾기 마련이다. 가장 잘 알려진 스폿은 엠파이어스테이트 빌딩 전망대다. 시내 한복판이라 접근성이 좋고 맨해튼 중심에서 사방을 바라볼 수 있어 가장 완벽한 조망이라 할 수 있다. 9.11 테러로 무너진 월드트레이드 센터 자리에 다시 지은 원 월드트레이드 전망대(One World Trade Center Observatory)는 맨해튼의 중심은 아니지만 다운타운에 있어 멀리 자유의 여신상과 뉴저지, 브루클린이 잘 보인다. 무엇보다 가장 높다는 게 큰 장점이다.

록펠러 센터 꼭대기에 있는 전망대 탑 오브 더 락(Top of the Rock)은 시내라 접근성이 좋고 맨해튼 다소 위쪽이라 센트럴파크 전경이 훌륭하다는 장점이 있다.

평지에서 보는 전경도 매력적이다. 가장 많이 찾는 스폿은 브루클린 브리지(Brooklyn bridge)다. 브루클린에서 바라보는 전경이 말 그대로 한 폭의 그림 같은데 낮과 밤 모두 나름의 매력이 있다. 브루클린 하이츠 프로메나드(Brooklyn Heights Promenade)도 맨해튼을 보기 좋은 스폿으로 유명하다. 특히 브루클린 하이츠에서 보는 맨해튼 야경이 아름답기로 유명하다.

반대편 뉴저지 쪽에서 맨해튼을 조망하기 좋은 도시로는 위호켄

(Weehawken)과 호보컨(Hoboken)이 유명하다. 특히 해산물 전문 식당 차트 하우스(Chart House)에서 바라보는 조망이 좋아, 손님이나 가족과 우아하게 식사하며 맨해튼 전경을 즐기기에 그만이다.

맨해튼 아파트

미국의 주택은 대부분 앞마당이 딸린 1~3층짜리 단독주택이다. 도시 외곽 지역에는 여러 집이 정원과 담을 공유하는 저층 연립주택 타운하우스가 일반적이다. 세대수는 2~4개 정도로 소수인 경우가 많다. 조금만 더 시골로 가면 앞마당 수준을 넘어 너른 잔디 필드와 조경을 갖춘 대저택들이 띄엄띄엄 서 있는 것을 볼 수 있다. 워낙 땅이 넓어 굳이 아파트를 지을 이유가 없어서인지, 예나 지금이나 미국 중산층의 주거 형태는 대부분 단독 또는 타운하우스 형태다. 지역마다 다르겠지만 대체로 서민층은 공동주택 형태의 아파트, 다세대 저층 연립 주택 등에 거주한다. 상황이 이러하다 보니 미국에서 아파트라는 주거 형태가 일반적으로 선호된다고 말하기는 어려울 것 같다.

그러나 뉴욕, 정확히 말해 맨해튼의 경우에는 조금 다르다. 뉴욕시 내에서도 브루클린, 롱아일랜드, 퀸스, 브롱크스 등 외곽 지역은 여전히 타운하우스 형태가 일반적이다. 하지만 도심 맨해튼은 워낙 좁은 섬에 많은 인구가 유입되다 보니 일찍부터 고층, 그것도 초고층 아파트가 일반적인 주거 형태가 되었다. 현지 부동산 중개인들이 맨해튼 아파트를 소개할 때 건축 시기를 제2차 세계대전 전과 후로 나누어 소개할 만큼, 맨해튼 아파트의 역사는 오래되었다. 전전(pre-war) 아파트들은 주로 다운타운에 위치하고 있는데, 끊임없는 리노베이션을 거쳤다지만 아직까지 현역으로 유지되고 있는 걸 보면 이렇게까지 튼튼하게 만들 수 있나, 하는 의아심이 들 정도다. 한편 미드타운과 업타운 지역은 전후(post-war) 아파트들이 지어졌으며, 특히 허드슨강과 이스트강 주변은 지금도 프리미엄 럭셔리 아파트들이 건축되고 있다.

뉴욕의 최상위 부자들이 가장 좋아하는 아파트는 주로 센트럴파크 주변에 밀집해 있다. 그중에서도 센트럴파크 오른편, 센트럴파크가 시작되는 59번 애비뉴부터 구겐하임이 있는 80번대 애비뉴 부근까지 어퍼 이스트 지역(upper east side)에 집중되어 있다. 영화 〈이보다 더 좋을 순 없다〉(1998)에서 잭 니콜슨과 그렉 키니어가 사는 아파트, 할리우드 영화 속 뉴욕 부유층이 사는 아파트는 다 이 지역에 있다고 보면 된다. 상류층이 선호하는 아파트는 대체로 5층 이내의 저층 럭셔리 아파트로 특별히 고층에 대한 선호가 있는 것 같지는 않으며, 강변보다 센트럴파크 주변을 더 선호하는 걸로 봐서 역시 '조망'보다는 '자연 속 주거'에 대한 열망이 더 큰 것 같다.

다른 맨해튼 아파트들은 대부분 30층 이상 초고층으로 보통 입주자 대표들로 구성된 보드(board)에 의해 관리된다. 일반적으로 콘도(condominium)와 코압(cooperative)으로 구분되는데, 콘도는 개별 아파트(부대시설 지분 포함)에 대한 소유권이 명확한 형태고, 코압은 공동 건물에서 해당 아파트의 지분을 소유하는 형태(부대시설 지분은 없음)로 보드의 간섭이 더 심한 편이다. 둘 다 보드가 직접 또는 관리 전문 업체를 통해 관리하는데 입주 심사, 관리비, 세금, 서블렛(sublet) 등 전반을 관리한다. 개별 소유자가 모든 것을 관리하는 우리나라의 전·월세 형태와는 크게 다르다. 처음 맨해튼에서 아파트를 구할 때 외국인이라는 이유로 제법 많이 거절당했다. 그만큼 뉴욕 아파트는 입주 심사 요건이 까다롭고 외국인에게 호의적이지 않으며 때론 차별적 성향까지 드러내는 곳도 많다.

맨해튼에서 주차하기

뉴욕에서 처음 차를 살 때 세계에서 가장 교통이 복잡하다는 뉴욕 맨해튼에서 잘 운전할 수 있을까, 주차비가 무척 비싸다는데 어디에 주차하나 걱정했었다. 막상 차를 사고 보니 뉴욕에서 운전하는 일은 아무것도 아니었다. 하지만 역시나 주차는 뉴욕을 떠날 때까지 나를 애먹였다.

맨해튼은 기본적으로 기계식 주차다. 땅값이 비싸다 보니 자주식 주차 공간을 확보하기란 하늘의 별 따기다. 워낙 혼잡하다 보니 기계식 주차도 본인이 직접 하는 것이 아니라 거의 주차요원이 대신해주는 발렛 파킹(vallet parking) 시스템이다. 식당 같은 상업 건물에서 발렛 파킹을 하는 것은 쉽게 받아들일 수 있지만, 주거 건물, 심지어 내가 사는 아파트에서조차 매일 발렛 파크을 해야 한다는 건 정말 불편한 일이다. 심지어 주차 비용이 예상을 뛰어넘는 경우라면 더욱 그런

데, 맨해튼의 주차가 딱 그렇다.

맨해튼의 아파트는 대부분 아주 오래되었고 처음 지을 때 주차 공간을 확보해두지 않아 아파트 내에 주차할 수 없는 경우가 많다. 혹여 지하에 주차장이 마련되어 있다 하더라도 해당 아파트 전용으로 쓰이는 경우는 거의 없고 대부분 대중에 개방되는 일반 주차장으로 활용된다. 주차 비용은 시내에 가까울수록 비싸고 멀어질수록 싼데, 시간당, 일당, 주 또는 월별, 장기 등 이용 형태는 다양하다. 시내 기준으로 한 달에 대략 500달러, 하루에 20달러 내외다. 차종에 따라 요금 체계가 다른데, 프리미엄 브랜드나 SUV 등 대형 차량일수록 비싸다. 아침 일찍(early bird) 또는 밤늦은(late night) 주차는 할인이 적용된다.

매달 500달러 넘게 내야 하는 주차비가 너무 아까워 구글에 'Where is the cheapest parking lot in NYC?(뉴욕에서 가장 저렴한 주차장은 어디인가요?)'라고 검색한 적이 있다. 구글은 실시간 주차 가격을 제공하기 때문에 의외로 이런 방식으로 검색하는 것이 꽤 효과 있다. 그렇게 다행히 시내에서 약간 떨어진 곳에 있는 저렴한 주차장을 발견했다. 다니기 약간 불편했지만 절약한 주차비를 생각하면 충분히 감내할 만한 수준이었기에 기쁜 마음으로 이용했다. 주차비는 상황에 따라 계속 바뀌기 때문에 저렴한 곳을 찾아볼 필요가 있다.

주차요원은 대부분 흑인이나 히스패닉이다. 보통 차량 이용 30분 전에 미리 전화하고 시간 맞추어 가면 된다. 이용할 때마다 매번 1~2달러씩 팁을 주어야 하는 것도 참 고역인데, 그래도 내 차를 잘 다뤄주었으면 하는 바람에 매번 억지웃음을 지으며 팁을 건넨다.

한편 맨해튼 시내에서는 길거리 주차도 많이 한다. 돌아다니다 보면 그럴 수밖에 없는데, 생각보다 어렵지 않고 규정을 어기지만 않으면 저렴한 비용으로 주차할 수 있다. 그마저도 주차 공간이 절대적으로 부족하긴 하지만 그래도 거의 모든 거리가 주차 가능하고 회전율도 높아서 주변을 몇 번 맴돌다 보면 거의 100% 자리가 난다. 단 이때는 내가 주차한 곳 가까이에 소방호스 꼭지가 있는지, 앞뒤 차와 간격이 너무 좁진 않은지 하는 디테일들을 주의해야 한다. 보통 '2시간 주

차 가능'이라는 표지판이 서 있는 곳이 많은데, 2시간을 조금만 넘겨도 귀신같이 딱지를 끊는다. 주차 단속 경찰이 워낙 많고 또 매우 활발히 돌아다니기 때문이다. 조금만 규정을 어겨도 금방 걸리는데, 벌금이 너무 비싸다. 최소 100달러 내외, 조금만 올라가면 200달러에 육박한다. 배보다 배꼽이 크다는 말이 딱 맞다. 행여 주차 딱지라도 붙는 날은 기분이 바닥까지 떨어진다. 항상 절약해야지, 다짐하다가도 이렇게 한번 거금을 빼앗기면(?) 절약에 대한 의욕도, 저축에 대한 의욕도 다 사라진다. 정신건강을 위해서라도 길거리에 주차할 때는 주차 팻말을 잘 확인하고 조심, 또 조심할 것을 권한다.

독립서점

맨해튼에는 아주 오래전부터 소규모 자본으로 운영되어온 전통 있는 독립서점들이 많다. 시내 중심 유니언 스퀘어 근처 스트랜드 북스토어(Strand Bookstore)가 가장 대표적이다. 오프라인과 온라인 사업을 병행하며, 다양한 분야의 신간과 중고 서적을 모두 다루고 있어 거의 중소기업 수준으로 규모가 크다. 자체 로고로 디자인한 가방이나 머그컵 등을 생산할 만큼 대중적으로 알려져 있어서 현지인과 관광객으로 늘 붐빈다. 보유 서적이 방대하여 특히 테마별 중고 서적을 찾기 적합하다.

소호에 위치한 맥넬리 잭슨 북스토어(McNally Jackson Bookstore)는 관광객보다 뉴요커들이 많이 찾는 서점이다. 아담하고 커피 맛도 좋은 카페가 있어 커피와 책을 같이 즐길 수 있다. 신간만 다루기 때문에 최근 트렌드를 파악하기 좋다는 장점이 있으나 서적의 가격이 비싸다는 단점도 있다.

특정 테마에 집중하는 전문서점도 많다. 이스트 빌리지 부근의 블루스타킹스(Bluestockings)가 이에 해당한다. 매우 허름한 서점이지만 이름이 시사하듯 페미니즘 전문서점이다. 직원들이 모두 여성이며, 서점 내 간이 공간에 앉아 토론하는 젊은이들을 거의 항상 볼 수 있다.

개인적으로 가장 좋아하는 서점은 하우징 웍스 북스토어와 머서 북스토어다. 중고 서적만을 취급하기 때문에 가격이 상당히 저렴하고

구하기 어려운 희귀 아이템들이 많다는 공통점이 있다. 중고 서적이지만 최근 서적들도 꽤 많아 잘만 고르면 좋은 책을 저렴하게 구할 수 있다. 특히 하우징 웍스는 직원 모두 자원봉사자인 자선단체로 특히 더 저렴하고, 책을 읽으며 시간을 보내기에 매우 편안한 공간이다. 학생부터 거리에서 구걸하다 들어온 듯한 사람들까지 편안하게 독서하는 모습을 볼 수 있어, 이게 뉴욕의 다양성인가 하는 생각이 절로 드는 곳이다.

하우징 웍스의 책이나 LP 들은 모두 기부받은 것이어서 가끔 희귀한 고서적 등을 헐값에 구하는 행운도 얻을 수 있다. 나는 일요일 오후는 거의 하우징 웍스에서 보냈는데 워낙 기부받는 책과 LP 등의 순환이 빨라 언제 가더라도 항상 새로운 읽을거리를 만날 수 있었다. 정말 시간 가는 줄 모르고 지냈다. 내부 카페에서 만드는 샌드위치와 커피도 수준이 상당하다. 어린이 도서, DVD, CD, LP 할인 등 다양한 행사를 수시로 개최하기 때문에 이벤트를 즐기는 재미도 쏠쏠하다. 매달 첫째 주말은 30% 세일, 회원가입 시 상시 10% 세일 등 프로그램 혜택에 대해서도 관심을 가져볼 만하다.

그밖에 주로 희귀한 고서적만 취급하는 전문 고서점으로는 아고시 북스토어(Argosy Book Store)가 추천할 만하다.

퍼레이드

　지금은 코로나로 뜸해졌을 테지만 원래 뉴욕 맨해튼은 거의 1년 내내 주말마다 축제가 있다고 해도 과언이 아닐 정도로 축제가 많았다. 잘 알려진 크리스마스, 부활절, 핼러윈 외에도 크고 작은 축제와 퍼레이드가 시내 중심 5번가 또는 그 주변을 중심으로 다양하게 개최된다.
　큰 축제들을 날짜 순서대로 보면 다음과 같다. 상반기에는 먼저 한 해를 보내고 새해를 맞는 타임스퀘어 송구영신 행사(12월 31일~1월 1일)가 있다. 신년 행사 이후 가장 먼저 열리는 축제는 거대 가톨릭 퍼레이드 성 패트릭 축제(3월)다. 따스한 봄이 시작되는 계절에는 성스럽게 거행되는 부활절 축제, 브롱크스와 브루클린 식물원(Bronx Botanical Garden)을 중심으로 열리는 벚꽃 축제가 있다. (특히 브루클린 식물원의 '사쿠라 마츠리(Sakura Matsuri)'가 유명하다.) 5월에는 전 세계 갖가지 음식을 선보이는 9번가 국제 음식 페스티벌이 열린다. 연중 가장 성대하게 열리는 성소수자 축제인 프라이드 퍼레이드(6월)는 사랑과

평화를 염원한다. 이외에도 6월에는 예술 향유를 장려하고 박물관도 홍보하려는 목적으로 뮤지엄 마일 페스티벌(Museum Mile Festival)이 열린다. 이 기간 동안 구겐하임 등 5번가 82번 스트리트부터 105번 스트리트에 위치한 박물관들을 저녁 시간에 무료 개방한다.

불꽃놀이로 유명한 7월 독립기념일에는 불꽃 축제가 열린다. 8월에는 브라이언 파크(Brain park), 워싱턴 스퀘어(Washington Square) 등 시내 곳곳에 대형 스크린을 설치해놓고 연인과 가족이 한여름 밤에 야외에서 즐기는 섬머 필름 페스티벌이 열린다. 센트럴파크에서 셰익스피어의 작품을 무료 공연하는 셰익스피어 인 더 파크(Shakespeare in the Park)도 있다(8월). 이밖에도 브로드웨이 뮤지컬을 대폭 할인된 가격에 볼 수 있는 9월 브로드웨이 온 브로드웨이, 핼러윈에 그리니치 빌리지를 중심으로 펼쳐지는 야간 핼러윈 퍼레이드가 있다. 11월에는 메이시스 백화점 주관으로 디즈니 등 유명 캐릭터들을 대형 애드벌룬으로 띄워 6번가를 행진하게 하는 추수감사 퍼레이드, 12월에는 크리스마스 시즌을 알리는 록펠러센터 크리스마스트리 점등식과 성대한 크리스마스 축하 퍼레이드 등이 있다.

비치

　뉴욕은 맨해튼, 브루클린, 브롱크스, 퀸스, 스태튼아일랜드의 다섯 개 버러(borough, 자치구)로 구성된 해변 지역이다. 여름이면 인근 해변 곳곳에서 해수욕을 즐길 수 있다. 특히 뉴욕 동남부 롱아일랜드 지역은 바닷가 전체가 해수욕장이라 할 만큼 비치가 너르게 분포되어 있는데, 영화 〈죠스〉의 촬영지로 유명한 존스 비치(Jones beach State Park)가 대표적이다.

　롱아일랜드 남쪽 대서양을 바라보면서 길게 펼쳐진 존스 비치는 길이가 장장 6.5마일에 달하는 엄청난 규모의 해변으로 하얀 모래와 아름다운 풍광으로 유명하다. 여름이면 각종 행사가 개최되는 등 뉴욕 엔터테인먼트의 중심지로 자리 잡고 있다.

존스 비치는 1920년대에 조성된 인공 해변이다. 해변이 워낙 길어 어디로 진입해야 할지 모를 정도인데, 중간쯤 위치한 센트럴몰 주변의 필드4와 필드6(주차장 번호로 진입로가 나열되어 있다.) 부근으로 진입하여 주차하는 것이 무난하다. 차량별로 10달러 내외의 주차비만 내면 쉽게 주차할 수 있으며, 주차장과 해변이 거의 붙어 있어 주차 후 바로 해수욕을 즐길 수 있다. 해변에 먹거리와 간단한 비치 도구를 파는 상점이 있긴 하지만 도시락, 비치 파라솔과 간이 의자 등은 준비해 가는 것이 좋다.

존스 비치는 파도가 심하고 수심이 깊은 편이어서 **수영할 때 조심** 해야 한다. 해변 옆으로 워킹 보드가 길게 이어져 있어 **산책만 하기에** 도 편리하다.

만약 뉴욕 인근에서 가족들과 함께 즐길 만한 비치를 고르라면 **존스 비치**에서 약 30분가량 더 들어간 곳에 있는 로버트 모제스 **비치**(Robert Moses State Park)를 권하고 싶다. 이곳은 존스 비치**의 장점**을 그대로 가지면서도 약간 움푹한 지형이라 파도가 잔잔하고 **수심이 덜** 깊어 해수욕하기에 편하다. 또한 비치 파라솔, 샤워장 등 편의시설이 잘 갖추어져 있어 가족들과 함께 해수욕을 즐기기 좋다.

뉴욕 시내에서 가까우면서 놀이시설도 갖추어져 있는 브루클린 남쪽 해안의 코니 아일랜드(Coney Island)도 여름에 즐길 만한 뉴욕 인근 해변으로 손색이 없다. 맨해튼에서 가까운 뉴저지 방면 해변으로는 누드 비치로 유명한 샌디훅 비치(Sandy Hook Beach)가 있다. 맨해튼 34번 스트리트 동쪽 끝에 있는 선착장에서 직행으로 가는 크루즈가 있어 크루즈 여행도 할 겸 여름철에 하루 다녀오기 좋다.

조금 멀리 나간다면, 롱아일랜드 동쪽 끝에 위치한 셸터 아일랜드(shelter island)의 선셋 비치(Sunset Beach)도 매력적이다. 뉴욕의 부자들이 여름 휴가지로 자주 찾는 곳이기도 한데 선셋 비치 호텔은 해지는 저녁 풍광이 아름답기로 유명하다. (단 숙박료는 상당히 비싸다.)

근처 사우스햄튼의 쿠퍼스 비치(Cooper's beach)도 미국의 3대 비치에 꼽힐 만큼 아름답기로 유명하다. 주차비가 40달러로 비싼 것이 흠이지만 역사 박물관 등 주변에 볼 만한 관광지가 많다는 장점이 있다. 뉴저지 방면의 케이프 메이 비치(Cape May Beach)도 가족 단위로 많이 찾는 해변이다. 돌고래 유람선이 있어 유람선을 타고 바다를 돌며 돌고래를 구경하는 재미가 좋다.

스포츠

봄·여름에는 야구, 가을·겨울에는 풋볼, 겨울·봄에는 농구와 아이스하키. 일 년 내내 스포츠 시즌이 이어지기 때문에 스포츠에 관심이 많다면 지루할 틈이 없는 곳이 미국이다. 뉴욕은 그 가운데서도 야구(뉴욕 양키스, 뉴욕 메츠)와 아이스하키(뉴욕 레인저스)가 강하고 그만큼 인기도 많다. 풋볼, 농구는 팀이 약해 열기가 떨어진다. 야구는 게임 수도 많고 구장도 커서 티켓을 비교적 싸게 구입할 수 있다. 브롱크스에 있는 양키스 스타디움과 플러싱에 있는 메츠 스타디움 모두 전철로 연결되어 있어 접근성도 좋다. 야구장은 일상에서 벗어나 완전히 새로운 자유를 만끽할 수 있는 공간이기 때문에 게임에 관심이 덜하더라도 직접 경험해보기를 적극 추천한다.

아이스하키는 게임 수가 적고 구장(주로 시내 메디슨 스퀘어 가든)이 작아 티켓이 비싸다는 제약은 있지만, 야구보다 훨씬 광적인 스포츠

열기를 느낄 수 있다. 아이스하키 자체가 워낙 거칠고 다이내믹한 게임이어서 거의 1분 간격으로 관객의 탄성과 함성이 터지는데, 게임이 언제 시작되고 끝났는지 모를 만큼 완전히 몰입해 즐길 수 있다. 관객의 상당수가 뉴욕 레인저스 유니폼을 입고 경기를 보기 때문에 이들 틈에 섞여 있으면 마치 오래전부터 뉴욕 레인저스의 열렬한 팬이었던 것 같은 착각마저 든다.

연고지를 두지 않는 스포츠 중 뉴욕이 열광하는 것으로는 테니스와 골프가 있다. 그중에서도 뉴요커들이 가장 깊은 애정을 갖고 대하는 스포츠는 아마도 테니스(US Open)가 아닐까 싶다. 과거 매켄로, 샘

프러스, 아가시 이후 남자 테니스계에서 미국계 스타 플레이어의 명맥이 끊긴 지 오래지만 여전히 이들의 테니스에 대한 애정과 관심은 세계 톱 수준이라 할 만하다. US Open이 시작되는 9월 한 달 전부터 서서히 열기가 무르익기 시작하여 Open 기간인 9월 한 달 내내 스포츠 채널에서 온통 테니스만 방송할 만큼 관심과 열기가 대단하다.

제2차 세계대전 중에도 개최된 US Open은 개최 횟수로는 윔블던을 앞설 만큼 오래되었고, 메이저 대회 중 총 상금 액수가 가장 크며, 남녀 상금에 차등이 크지 않고, 타이 브레이크(tie break)를 적용하는 유일한 메이저 대회다. 메츠 스타디움 바로 건너편 전미테니스협회 구장에서 개최되어 지하철로도 쉽게 접근할 수 있으며, 티켓도 종류가 다양해 싼 가격대로도 얼마든지 게임을 즐길 수 있다. 메인 스타디움을 제외한 나머지 스타디움만 이용할 수 있는 그라운드 티켓은 50달러 내외다. 결승전으로 갈수록 가격이 치솟는데, 상대적으로 티켓 가격이 낮은 여성 게임의 경우 결승전도 약간 위쪽 좌석은 100달러 내외에서 구입할 수 있다. US Open 스타디움은 테니스 경기도 경기지만 가족, 연인들끼리 저녁 시간, 휴일 오후를 즐기는 휴식 공간으로서 넉넉함과 평화로움을 느끼게 해주는 매력이 있다.

뉴욕 북쪽과 뉴저지에는 부촌이 많아 아름답게 잘 조성된 프라이빗 골프 클럽들을 많이 볼 수 있다. 이 때문인지 뉴욕 인근의 골프 클럽이 종종 메이저 대회 개최지로 선정되곤 한다. 특히 2002년, 2009년, 2019년 US Open 개최지였던 뉴욕 북부의 베스페이지 주립공원(Bethpage State Park Golf Courses)은 메이저 대회를 유치하는 몇 안 되는 퍼블릭 골프 클럽이다.

보통 메이저 대회는 프라이빗 클럽에서 개최되어 일반인들이 직접 경험하기 어려운 경우가 대부분인데, 베스페이지는 일반인들도 언제든 라운딩할 수 있는 퍼블릭 클럽이다. 골프 애호가라면 꼭 라운딩해 볼 것을 권한다. (예약은 선착순이다.) 메이저 대회가 열렸던 블랙 코스(Black course)는 예약하기 어렵고 타수 제한이 있으며 비용이 높은 편이지만, 그 밖의 코스는 60달러대에서 저렴하게 즐길 수 있다.

메이저 대회의 갤러리가 되어 좋아하는 선수를 따라다니며 관람하는 것도 좋은 추억거리가 될 수 있다. 갤러리 요금은 남성 대회의 경우 100~200달러, 여성 대회의 경우 100달러 이내 수준이다. 메이저 대회가 개최되면 그 마을 전체가 통제되어 주차하기 쉽지 않으므로 일찍 서둘러야 한다. 보통 클럽 주변이 전면 통제되므로 멀리 주차한 후 클럽 안으로 이동하는 셔틀버스를 이용해야 한다.

브루클린

뉴욕에 머문다면 맨해튼에만 있지 말고 꼭 시간을 쪼개어 브루클린을 들러보길 권하고 싶다. 맨해튼 거주 비용이 상당해서 뉴요커 대부분이 뉴저지, 브루클린, 브롱크스, 퀸스, 롱아일랜드 등 외곽 지역에 거주한다. 그중에서도 브루클린은 젊은 세대들이 제일 선호하는 만큼 힙한 이벤트나 행사가 많아 활기가 느껴지는 곳이다. 특히 윌리엄스버그(Williamsburg) 베드포드 애비뉴(Bedford avenue) 주변에는 상권이 상당히 넓게 형성되어 있는데, 음식점, 서점, 특히 각종 빈티지숍 들이 즐비하여 빈티지를 좋아하는 사람들에겐 천국 같은 곳이다.

빈티지 거래는 말 그대로 오래전에 쓰던 옷, 구두, 가구 등 각종 물건을 사고파는 것이다. 요즘은 최신 브랜드의 중고, 재고 거래까지 넓은 의미의 빈티지 거래에 포함하고 있다. 대부분 지하철 L선 베드포드 애비뉴 역에 내려 걸어갈 만한 위치라서 차가 없어도 쉽게 다녀올 수 있다. 최신 브랜드까지 폭넓게 취급하는 빈티지숍으로는 비콘스클로젯, 버팔로 익스체인지(Buffalo Exchange) 등이 유명하며, 싱글 바이 스텔라 댈러스(Single by Stella Dallas) 같은 전통 빈티지숍들도 많다.

개인적으로 전통 빈티지숍은 너무 낡은 느낌이라 구입할 엄두가 나지 않았던 반면 비콘스클로젯 등 비교적 최근 물건을 취급하는 숍은 최신 브랜드의 중고품을 저렴하게 사는 재미가 꽤 쏠쏠했다. 주말이면 베드포드 애비뉴를 중심으로 개인이 쓰던 중고품을 내다 파는 벼룩시장도 열려 소소한 재미를 더해준다.

브루클린의 윌리엄스버그 거리가 유명해진 것은 뉴욕 최고로 평가되는 브런치 카페가 밀집해 있기 때문이기도 하다. 가령 파이브 리브스(Five leaves)의 경우 아보카도 샌드위치나 바나나 팬케이크 등이 유명하여 현지인뿐 아니라 관광객이 줄을 선다. 이처럼 카페마다 제각기 내세우는 장기가 있어 메뉴가 다양하고 가격도 맨해튼보다 저렴한 편이어서 일요일 늦은 오전 여유롭게 브런치를 즐기기에 좋다.

매해 4~5월에는 뉴욕도 벚꽃이 한창이다. 벚꽃놀이 장소로 가장 유명한 곳 중 하나가 브루클린 식물원(Brooklyn Botanical Garden)이다. 특히 매년 4월 마지막 주 벚꽃이 한창일 무렵 뉴욕 소재 일본 커뮤니티가 개최하는 '사쿠라 마츠리'는 직접 관람해보길 권한다. 일본인들

이 상당히 열심히 준비하여 다채로운 이벤트로 그들의 문화를 선보이는 행사다. 가족끼리 아름다운 봄날 한나절을 느긋이 즐기기에 알맞은 아주 이색적인 축제다. 식물원 바로 옆에는 브루클린 뮤지엄(무료)이 있어 시간만 된다면 식물원과 박물관을 동시에 즐기는 일석이조를 누릴 수 있다.

브루클린으로 이어지는 다리 중 가장 유명한 브루클린 브리지를 도보로 건너는 것도 뉴욕 관광의 필수 코스 중 하나다. 다리 건너 브루클린 쪽 바로 아래 강변에는 유명 피자집들도 많다. 들러볼 것을 권한다.

브루클린은 아니지만 맨해튼과 브루클린 사이에 있는 작은 섬 고버너스 아일랜드(Governance Island)도 한나절 소풍 가기 좋은 코스다. 자유의 여신상 가는 선착장 바로 왼편 로어 맨해튼 선착장에서 오전 10시부터 오후 4시 15분(주말에는 오후 5시 30분)까지 30분 간격으로 페리가 왕복 운항한다. 섬 중심에 자전거 대여소가 있어서 자전거를 타고 돌아다니면서 사진 찍고 경치를 즐기기에 그만이다. 섬에서 바라보는 맨해튼 전경은 달력이나 휴대폰 배경화면으로 자주 쓰일 만큼 매력적이다.

한나절 섬을 즐긴 후 맨해튼으로 건너와 월 스트리트 부근에서 식사하려 한다면 이탈리아 요리 전문점 이탈리(Eataly)의 피자나 브룩필드(Brookfield)의 푸드코트를 추천한다. 식사까지 마치고 귀가하면 주말 하루를 완벽하게 보냈다는 행복감이 밀려올 것이다.

뉴욕 근교

뉴욕은 바다와 인접한 지리적 이점뿐 아니라 지금의 미국을 탄생시켰다고도 볼 수 있는 보스턴, 필라델피아 등지에 많은 역사 유물들이 산재해 있어 근교에 가볼 만한 곳이 의외로 많다. 직접 방문해본 곳 위주로 소개해보고자 한다.

뉴욕 북부

맨해튼에서 서북쪽으로 1시간 거리 웨스트체스터(Westchester)의 작은 마을 태리타운(Tarrytown)에는 키쿠이트(Kykuit)라는 대저택이 있다. 석유 재벌 록펠러가 살았던 생가와 부대시설을 그대로 보존하여 공개한 곳인데, 20세기 초 미국 거부의 삶을 고스란히 느낄 수 있다. 태펀 지(Tappan Zee)에서 보는 허드슨강의 전경이 매우 아름다운 지역으로 골프를 칠 수 있을 만큼 넓은 정원(록펠러는 골프를 가장 즐겼다고 한다.)과 조각, 예술품, 그가 즐겨 탔던 자동차들이 그대로 보존되어 있다. 뉴욕 생활을 시작한 뒤 현지인 친구로부터 추천받아 주말에 가장 처음 가본 곳이 키쿠이트다. 그만큼 뉴욕을 처음 경험하는 외국인들이 한나절 재미있게 보낼 수 있는 스폿이다.

거의 매시간 가이드 투어가 진행되며, 근처 태리타운은 투어를 마친 후 식사하고 구경하며 쉬기에 좋다. 태리타운 역 근처 작은 번화가에 위치한 그리스 식당 레프테리스 자이로(Lefteris Gyro)의 샐러드나 그릭 요거트에 꿀을 덮고 그 위에 호두를 잘게 부수어 뿌린 '허니 요거트'를 추천한다. 식사를 마친 뒤에는 식당 건너편에 있는 아담한 채리티숍 체리 도어(Cherry Door)를 둘러볼 것을 권한다. 근처에 〈슬리피 할로우 Sleepy Hollow〉의 실제 배경 마을이 있으니 들러보는 것도 좋다.

관광객이 가장 많이 찾는 스폿 중 하나인 우드버리 아웃렛 부근의 야외 조각공원 스톰 킹 아트 센터(Storm King Art Center)도 가볼 만하다. 광활한 대지에 대형 조각들을 전시해놓았는데, 우선 그 스케일에 압도되고 다음에는 대형 전시물들의 아름다움에 놀라는 곳이다. 미국이 아니라면 상상하기 힘들 만큼 거대한 전시 공간이다. 한나절 여유롭게 걸으며 즐기면 좋다. 중간에 푸드 코트가 있어 샌드위치와 음료로 점심을 때울 수 있다. 가끔 결혼식이나 독서회 같은 야외 이벤트도 열리기에 운이 좋으면 곁들여 구경할 수 있다.

　　맨해튼에서 북쪽으로 2시간 거리에 있는 예일대학교(Yale University)도 상당히 볼거리가 많다. 단순한 캠퍼스 타운을 넘어 미국의 역사와 문화가 살아 있는 전통적 공간으로서의 의미가 깊다. 최근 하버드 대학 부근이 빠르게 상업화되고 있는 것과 비교하면 예일대 부근은 여전히 순수한 학업 공간으로서의 특색이 살아 있다. 특히 오랜 전통의 예일대학교 미술관(Yale University Art Gallery)은 피카소를 비롯한 거장들의 작품이 대거 전시되어 있어 대학 미술관이라기보다는 국립 미술관에 가까울 정도로 수준이 높다. 특히 20세기 미국의 대표 화가인 에드워드 호퍼(Edward Hopper, 1882~1967)의 그림들이 다수 전시되어 있어, 그를 사랑하는 미술 애호가라면 놓치지 말아야 할 스폿이다.

허드슨강 북쪽에 위치한 머홍크 보존지구(Mohonk Preserve)는 특히 가을 단풍이 아름답기로 유명하다. 그림같이 아름다운 호숫가 옆에 4성급 호텔 머홍크 마운틴 하우스(Mohonk Mountain House)가 있어 결혼식 장소로도 많이 이용된다. 호텔에서 식사하려면 미리 예약해야 하지만 스낵바도 있어 예약 없이도 샌드위치나 햄버거로 저렴하게 점심을 먹을 수 있다.

머홍크 가는 길에 있는 베어 마운틴 주립공원(Bear Mountain State Park)은 하이킹 코스로 적당하다. 난이도에 따라 여러 가지 하이킹 코스가 있어 상황에 맞게 선택하면 된다. 가족, 친구들이 모여 공원에서 놀거나 호수 주변에서 바비큐 파티를 하는 모습도 흔히 볼 수 있다.

조금 멀리 갈 수 있는 상황이라면 로드 아일랜드(Rhode Island) 지역의 작은 바닷가 부촌 마을 뉴포트(Newport)도 매력적이다. 선박 재벌 밴더빌트 가의 여러 맨션 가운데 하나인 더 브레이커스(The Breakers)가 유명하다. 태평양을 끼고 해안 절벽에 위치하여 풍광이 매우 아름답다. 맨션 내부도 20세기 초 미국 갑부의 생활양식을 그대로 보존하고 있어 흥미롭다.

이왕 로드 아일랜드까지 왔으니 미 동부 끝자락에 위치한 프로방스타운(Provincetown)을 이야기하지 않을 수 없다. 뉴포트에서도 한참을 더 올라가야 해서(맨해튼에서 차로 네다섯 시간 거리) 뉴욕 근교라고 말하기는 조금 거리감이 있다. 하지만 뉴욕 또는 보스턴에 체류하고 있고 낮이 길어 시간 여유가 있는 여름이라면 세네 시간 코스로 배를 타고 고래를 구경하기에 더없이 좋은 곳이다. 프로방스타운은 뉴욕의 성 소수자 예술가들이 모여서 거주하는 마을로도 유명한데, 작은 거리에 이들이 운영하는 다양한 아트숍들이 늘어서 있어 산책하며 구경하기 좋다.

뉴욕 인근

맨해튼에서 그리 멀지 않은 브롱크스에는 브롱크스 동물원(Bronx Zoo)과 브롱크스 식물원이 유명하다. 잘 알려지지 않은 웨이브 힐 공공 식물원(Wave Hill Public Gardens)도 가볼 만하다. 웨이브 힐은 허드슨강의 전경이 아름답게 보이는 언덕에 다양한 조경으로 아기자기하게 꾸민 공원이다. 날씨 좋은 날 아이들과 가족 나들이하기에 더할 나위 없이 알맞다. 다만 주차장이 좁아 일찍 도착해야 한다는 부담감은 있다.

브롱크스 지역의 작은 섬 시티 아일랜드(City Island)도 가볍게 반나절 돌아보기 좋다. 넓고 탁 트인 느낌은 아니지만 도시 가까이서 해변의 정취를 느낄 수 있다는 점이 매력적이고 특히 랍스터를 저렴하게

먹을 수 있다. 해변의 랍스터 전문 레스토랑에서 고급스러운 식사를 할 수도 있겠지만 섬의 중간쯤 위치한 푸드코트(공영 주차장이 있어 주차도 편리하다.)에서 파는 랍스터도 충분히 신선하고 맛있으면서 저렴하다.

뉴욕 근교 브루클린에서 해변의 정취를 느끼기 좋은 곳으로는 코니 아일랜드를 추천한다. 맨해튼에서 가깝고 해변도 상당히 크며 놀이 시설 등이 잘 갖추어져 있어 가족끼리 즐기기에 매우 편리하다. 매년 7월 4일 독립기념일에 핫도그 먹기 대회가 열리는 것으로도 유명하다.

롱아일랜드 끝자락에는 아름다운 바닷가 마을 몬타우크 포인트 주립공원(Montauk Point State Park)이 있다. 영화 〈이터널 선샤인〉의 배경 마을로도 유명한데, 사방이 트인 바다 풍경과 등대가 아름답다. 등대를 중심으로 바닷가를 한 바퀴 돌다 보면 고즈넉하고 평화로운 기분을 느낄 수 있다. 한때 괴수가 살고 있다는 풍문으로 유명해진 적 있는 몬타우크 앞바다는 광어 등이 잘 잡히는 포인트로도 알려져 늘 낚싯배가 몇 척씩 떠 있는 걸 볼 수 있다.

포트 제퍼슨(Port Jefferson)은 롱아일랜드에서 코네티컷으로 직항하는 배가 뜨는 항구다. 포트 제퍼슨에 도착하면 살아 꿈틀거리는 듯한 바다가 눈앞에 펼쳐진다. 근처에는 랍스터 레스토랑과 아기자기한 상점 들이 있어 식사하고 간단히 눈요기하기 좋다.

롱아일랜드는 말 그대로 섬이기 때문에 곳곳이 해수욕장이고 항구다. 존스 비치 인근의 캡트리(Captree)는 일반인들을 대상으로 바다낚시를 하는 배들이 출항하는 곳이다. 거의 매시간 낚싯배들이 출항하며 40달러 정도만 내면 맨몸으로 가도 한나절 낚시를 즐길 수 있다. 단 배가 크지 않으니 뱃멀미에 민감한 사람은 미리 멀미약을 준비해야 한다.

뉴저지 및 남부

뉴저지 쪽으로 방향을 틀면 해밀턴 타운십(Hamilton Township)에

있는 조각공원(Grounds for Sculpture)도 흥미로운 곳 중 하나다. 너른 공원 곳곳에 청동 조각상들이 다양한 포즈를 취하고 있는데, 실제 사람을 그대로 모방하여 멀리서 보면 사람이라고 착각할 정도로 흡사하다. 누워서 책 보는 사람, 키스하는 연인, 소풍 나온 가족 등부터 마네의 〈풀밭 위의 점심 식사〉, 마티스의 〈댄스〉, 그랜트 우드의 〈아메리칸 고딕〉 등 예술작품을 조각화한 전시물들이 곳곳에 산재해 있다. 반나절 정도 사진 찍으며 둘러보기에 좋으며, 입구에 푸드코트가 있어 샌드위치 등으로 간단히 식사를 해결하기도 편하다.

근처에 있는 식스 플래그스 그레이트 어드벤처(Six Flags Great Adventure)는 아이들과 롤러코스터를 즐기기에 최적이다. 롤러코스터의 난이도가 상당히 높아 놀이기구 마니아들에겐 필수 코스다. 유명한 프린스턴대학(Princeton University)도 볼 만하다. 과거의 모습을 그대로 간직한 채 서 있는 고색창연한 미국 최고(最古) 대학의 캠퍼스가 마치 세월이 정지한 듯한 느낌을 준다.

펜실베이니아 쪽으로 방향을 틀어보자. 뉴 호프(New Hope) 근처에 있는 보먼스 힐 야생화 보존지구(Bowman's Hill Wildflower Preserve)는 크기는 작지만 야생 식물이 잘 보존되어 있어 가족들과 반나절 소풍을 떠나기에 제격이다. 태풍에 쓰러진 모습 그대로 방치된 고목이 마치 원시림에 들어온 듯한 기분을 자아낸다. 뉴 호프 타운 자체가 워낙 잘 조성되어 있어 삼림욕을 한 후 시내를 돌아다니며 식사하고 구경하는 것도 재미있다.

펜실베이니아 안쪽으로 더 들어가면 아미쉬* 빌리지(Amish Village)가 있다. 오래전에 해리슨 포드가 주연한 할리우드 영화 〈위트니스 Witness〉의 배경 마을로도 유명한데, 아미쉬의 생활을 간단히 소개하는 투어도 진행되어 이색적이고 평화로운 그들의 삶을 흥미롭게 체험할 수 있다. 아미쉬 빌리지 근처에서 얼마 떨어지지 않은 곳에 있는 허쉬스 초콜릿 월드(Hershey's Chocolate World)에서는 아이들과 함께 초콜릿 생산 과정과 그 밖의 초콜릿과 관련된 모든 것들을 견학할 수 있다.

펜실베이니아에 들어선 이상 필라델피아 시내를 돌아보지 않을 수 없다. 시내에는 독립기념관(Independence Hall)이 잘 조성되어 있어 미국이 영국으로부터 독립할 당시의 유물들을 현장감 있게 관람할 수 있다. 이외에도 자유의 종(Liberty Bell) 등 역사 유물들이 부근에 밀집해 있어 반나절 가족들과 돌아보기 안성맞춤이다.

---

* 기독교 안만파 신도. 현대 문명에서 벗어나 18세기 말의 것과 같은 엄격한 규율에 따라 생활하고 있다.

 필라델피아에서 꼭 맛보아야 할 음식으로는 '필리 스테이크'가 있다. 질 좋은 소고기와 치즈를 듬뿍 넣은 이 지역만의 비프 샌드위치로 서로 자기가 원조라고 하는 비슷한 음식점들이 시내 곳곳에 있다. 그 중 짐스 스테이크(Jim's Steak)가 유명한데 통유리창으로 샌드위치 만드는 모습을 그대로 보여준다.

 이외에 필라델피아 부근에서 둘러보기 좋은 곳으로는 미 동부 최대 정원 롱우드 가든스(Longwood Gardens)가 있다. 엄청나게 넓은 대지에 분수와 화원, 야생 녹지 등을 고급스럽게 가꿔놓았다. 마치 베르사유 정원의 축소판 같은 느낌이다. 매시간 하는 분수쇼도 다채로워 재미있게 반나절을 보낼 수 있다.

뉴욕의 음식[*]

뉴욕은 가격에 따라 음식 수준의 편차가 심하다. 어딜 가나 일정 수준 이상의 맛을 기대할 수 있는 파리나 로마 등 유럽에 비해 평균적으로 맛있다고 말하기는 어렵다. 다만 다양성 면에서는 다른 어떤 도시보다 앞선다.

브렉퍼스트, 브런치

유럽에서는 주로 바게트나 크루아상을 먹지만, 뉴욕은 유태인 문화가 뿌리 깊어서인지 베이글이 아주 흔하다. 에싸베이글(Ess-a-Bagels), 픽 어 베이글(Pick A Bagel), 머레이스 베이글(Murray's Bagels), 더 베이글 스토어(The Bagel Store) 등이 유명한데, 사실 맨해튼에서는 이름 모를 마트에서 파는 베이글도 모두 일정 수준 이상이다.

---

[*] 헤아릴 수 없을 만큼 많은 뉴욕의 음식과 레스토랑을 선별하여 소개하기란 사실상 불가능에 가깝다. 수많은 레스토랑 가운데 직접 경험한 곳만 소개하였다. 코로나19 발발 이후의 영업 여부는 확인해보지 못했다.

베이글의 종류는 함유하는 잡곡에 따라 다양하다. 짙은 갈색 또는 검은색 통밀 베이글과 여러 잡곡을 섞어 만든 에브리싱 베이글(everything bagel)이 대중적이다. 훈제 연어를 넣고 크림치즈를 바른 연어 베이글은 한 끼 식사가 될 만큼 영양이 풍부하다.

팬케이크와 와퍼도 대표적인 브렉퍼스트 메뉴다. 아이홉(IHOP)과 같은 유명 체인점 외에도 대부분의 레스토랑에서 찾아볼 수 있다. 센트럴파크 남단의 사라베스(Sarabeth's), 노르마스(Norma's) 등은 계란 반숙에 치즈와 아스파라거스 등을 곁들인 에그 베네딕트와 팬케이크로 유명하다.

브루클린 윌리엄스버그 베드포드 애비뉴 인근은 어느 곳이 유명하다고 할 것도 없이 가격 대비 맛이 훌륭한 유명 브런치 식당들이 밀집해 있다. 첼시마켓 인근의 드림 호텔(Dream Hotel) 1층에 있는 보데가 니그라(Bodega Negra)는 멕시칸 레스토랑이지만 에그 베네딕트나 팬케이크 수준이 꽤 높다. 가벼운 조식은 르 팽 코티디앵(Le Pain Quotidien)이나 프레 타 망제(Pret A Manger) 등 샌드위치 체인점을 이용하면 편하고 가성비가 훌륭하다.

스시

뉴욕의 추천할 만한 스시집으로는 스시덴(Sushiden)과 노부(Nobu)가 있다. 특히 스시덴은 일본 현지 주재원으로부터 전통 스시 맛에 가장 가깝다는 이야기를 들었을 만큼 일본스럽다. 야마 49(Yama 49)는 저렴한 가격대에 비해 음식의 질이 높고 분위기도 아늑하다. 스시 야스다(Sushi Yasuda)는 간판이 잘 보이지 않아 찾기 어려운데도 입소문으로 잘 알려진 고급 스시 전문점이다. 유엔 빌딩 인근이어서 외교관들이 많이 찾는 스시집으로도 유명하다. 3번가에 위치한 니폰(Nippon)은 아늑한 분위기의 오래된 일식집으로 정통 일식을 즐기기 좋다. 작은 룸이 여러 개 있어 단체로 방문하거나 특별한 손님과 함께하기 좋은 식당이다.

스테이크

뉴욕의 스테이크 하우스는 조용하고 점잖은 분위기와는 거리가 멀다. 보통 입구에 스탠딩 바를 두고 분위기를 띄우기 위해 경쾌한 음악을 틀어 서로 이야기가 잘 안 들릴 정도로 시끌벅적한 경우가 많다. 델 프리스코스 더블 이글 스테이크 하우스(Del Frisco's Double Eagle Steak House)는 시내 한가운데 있는 대형 스테이크 하우스다. 천장이 높고 통유리창으로 보이는 뷰가 좋아 매우 인상적이었다. 분위기가 무르익으면 테이블 사이로 나와 춤을 추는 사람도 보일 만큼 시끄러워서 클럽인지 레스토랑인지 구분이 가지 않을 정도다.

아메리칸 컷 스테이크 하우스(American Cut Steak House)도 젊고 경쾌한 느낌의 현대적인 스테이크 하우스다. 스미스 앤 울렌스키(Smith & Wollensky)는 영화 〈악마는 프라다를 입는다〉에서 미란다(메릴 스트립 분)가 자주 찾는 스테이크 하우스로 잘 알려졌다. 보다 전통적인 하우스로 스테이크 본연의 고기 향이 살아 있다. 외국인들에게는 고기 향이 너무 강할 수도 있다.

울프강 스테이크 하우스(Wolfgang's Steak House)는 우리나라에 분점을 내어 잘 알려졌다. 스미스 앤 울렌스키보다 현대적인 스테이크 하우스로 고기 누린내가 덜하다. BLT 스테이크(BLT Steak)도 울프강 스타일에 가까운 편으로 소비자들의 평점이 상당히 높다. 불 앤 베어 프라임 스테이크 하우스(Bull & Bear Prime Steak House), 몰튼스(Morton's) 등도 현대풍 스테이크 하우스다.

앵거스 클럽 스테이크 하우스(Angus Club Steak House)는 자타 공인 뉴욕 넘버원 피터 루거 스테이크 하우스(Peter Lugar Steak House)에서 독립한 셰프가 운영한다. 피터 루거에 가기 어려울 때 대안으로 가 볼 만하다.

아주 전통적이고 격식 있는 곳을 찾는다면 스파크스 스테이크 하우스(Sparks Steak House)가 적당하다. 이탈리아 분위기가 물씬 풍기는 조용한 식당이다. 과거 마피아 총격 사건이 벌어졌던 장소로도 유명하며, 곳곳에 박물관에나 있을 법한 그림들이 전시되어 있다.

미국의 스테이크는 워낙 커서 성인 두 사람이 하나를 나누어 먹어도 충분하다. 전체 인원 대비 1인분 정도 덜 시키고 샐러드나 그 밖의 메뉴를 하나 주문하는 것도 적당하게 스테이크를 즐기는 방법이다.

아메리칸 레스토랑

미드타운 중심에 위치한 마이클스 뉴욕(Michael's New York)은 다양한 아메리칸 푸드를 퓨전 스타일로 고급스럽게 즐기기 적당한 레스토랑이다. 현대적인 분위기로 뉴욕의 팬시한 이미지를 느낄 수 있고, 메뉴 종류와 가격대가 다양하여 잘만 고르면 큰 부담 없이 뉴욕스러운 메뉴를 즐길 수 있다. 한국계 셰프도 있어 퓨전 한국 음식도 제공된다. 정원을 바라보는 방향으로 프라이빗 룸도 있어 단체 미팅을 하기에도 적당하다.

MoMA 바로 옆에 위치한 더 모던은 MoMA 내부 정원을 바라볼 수 있게끔 좌석이 배치되어 있어 매우 격조 있는 뷰를 즐길 수 있다. 음식 맛도 정평이 나 있다.

맨해튼의 중심 브라이언트 파크(Bryant Park) 끝자락에 있는 브라이언트 파크 그릴(Bryant Park Grill)은 여름에 외부에서 공원을 바라보며 식사할 수 있어 아주 낭만적이다. 단체 파티도 많이 한다. 내부 테이블도 깔끔하여 지인 혹은 가족과 시간을 보내기 좋다. 적당히 좋은 메뉴에 가격이 비싸지 않다는 것도 장점이다.

레드 루스터(Red Rooster)는 할렘 지역에서 입소문이 난 레스토랑이다. 이곳은 음식도 맛있지만 저녁 시간 재즈를 들으며 편안하게 담소하기에도 좋은 공간이다. 할렘이지만 즈변이 번화해 아주 늦은 시간만 아니라면 위험하게 느껴지진 않는다.

프랑스 레스토랑

뉴욕 프렌치 레스토랑으로는 미슐랭 3스타의 장 조르주(Jean Georges)가 유명하다. 하지만 가격 부담이 크고 비즈니스 캐주얼 이상의 복장 제한이 있는 등 까다로운 면이 있어 감수하고 예약해야 한다.

다운타운 트라이베카(Tribeca) 지역에 있는 더 오데온(The Odeon)은 적당한 가격에 높은 퀄리티로 상당히 유명한 프렌치 레스토랑이다. 배우 로버트 드니로가 자주 찾는 식당이기도 하다. 오데온이 허름하면서 맛에 승부를 거는 전통적이고 편안한 레스토랑이라면, 미드타운

북쪽 블룸버그 건물 옆에 있는 르 서크(Le Cirque)는 인테리어가 우아하고 현대적이다.

좀 더 저렴하면서 맛있는 프렌치 식당으로는 바르 아 뱅(Bar A Vin)을 추천한다. 배터리 파크(Battery Park) 근처 브룩필드 플레이스 뉴욕(Brookfield Place New York) 내 르 디스트릭트(Le District) 안에 있다. 스테이크가 29달러 정도로 저렴하며 가격 대비 퀄리티가 매우 좋다. 한쪽 구석에 정육점처럼 비치된 스테이크를 구입하여 주문하면 즉석에서 요리를 만들어준다. 요리하는 모습을 직접 보며 식사할 수 있다.

이탈리아 레스토랑

치프리아니(Cipriani)는 그랜드 센트럴(Grand Central) 역에 있어 역사를 조망하면서 식사하는 특이한 경험을 할 수 있다. 몬테벨로(Montebello)는 점심 세트 메뉴의 가격(약 29달러) 대비 퀄리티가 좋고 내부 인테리어가 고풍스러워 이탈리아 분위기를 물씬 느낄 수 있는 곳이다. 그랜드 센트럴 인근 다비오스(Davio's)는 현대적인 이탈리아 스테이크 하우스로, 마찬가지로 가격 대비 퀄리티가 좋다. 미드타운 이스트(Midtown East)에 위치한 페스카토레(Pescatore)도 무난하다. 비싸지 않은 가격에 정통 파스타를 즐길 수 있다.

하지만 뭐니 뭐니 해도 뉴욕에서 이탈리아 음식을 가장 잘 즐길 수 있는 곳은 이탈리라는 이탈리아 전문 푸드코트 체인점이 아닐까 싶다.

피자, 파스타, 스테이크, 커피 등 거의 모든 이탈리아 음식을 총망라하고 있고, 식당과 마트를 겸하고 있어 이색 쇼핑몰로도 인기가 높다.

스페인 레스토랑

미드타운의 소카랏 파에야 바(Socarrat Paella Bar)는 비교적 캐주얼하면서도 정통 파에야의 맛을 느낄 수 있는 스페인 레스토랑 체인점이다. 그랜드 센트럴 역에 연결된 메트로 빌딩에 있는 라 폰다 델 솔(La Fonda Del Sol)에서도 그리 비싸지 않은 가격에 다양한 스페인 요리를 즐길 수 있다.

그리스 레스토랑

에토스 갤러리 51(Ethos Gallery 51)은 51번가 첫 번째 애비뉴에 위치한 작은 그리스 음식점으로 근처 유엔 직원들이 많이 찾는 숨은 맛집이다. 처음에 싱싱한 생선을 보여주며 메뉴를 고르라고 하는데, '오늘의 해물 요리'는 맛은 있지만 너무 비싸서 가격을 미리 확인해야 한다. 그 밖의 단품 요리는 거의 모두 가격 대비 맛이 훌륭하다. 생일이라는 사실을 알려주면 불을 끄고 축하 음악을 틀어주어 가족끼리 이벤트를 즐기기에도 좋다.

리마니(Limani)는 록펠러센터 한가운데 자리한 대형 그리스 전문 음식점이다. 맨해튼 중심에 위치한 만큼 가격이 비싸지만, 훌륭한 분위기와 음식을 제공한다. 뉴욕을 제대로 느끼고 싶을 때 한 번쯤 찾을 만하다.

피자, 델리카트슨

뉴욕 맨해튼은 이탈리아 이민 세대들이 뿌리를 내린 곳이어서인지 맛이 일품인 피자집이 유난히 많다. 개인적으로는 소호에 있는 프린스 스트리트 피자(Prince Street Pizza)를 가장 선호한다. 소호가 시작되는 휴스턴 스트리트(Houston street) 바로 아래 프린스 스트리트에 있어 소호를 구경하다가 잠시 들러 요기하기 좋다.

두툼한 사각형 도우 위에 페퍼로니를 얹은 '페퍼로니 스퀘어'가 가장 유명하다. 한 조각이면 어느 정도 요기가 될 만큼 푸짐하고 도우와 페퍼로니의 조화가 환상적이다. 실내에 의자가 없어 서서 먹어야 하지만, 모두 그렇게 먹으니 별로 어색하지도 않다. 실내에는 주인이 미드 〈소프라노스Sopranos〉의 출연진 등 유명 연예인들과 찍은 사진들이 많이 붙어 있어 피자를 먹으며 사진을 보는 재미도 쏠쏠하다.*

주변 5분 거리에 있는 롬바르디스 피자(Lombardi's Pizza)도 유명하다. 이곳은 실내 공간이 넓고 좌석이 많아 가족들과 여유롭게 피자를 즐기기 좋다. 개인적으로는 약간 짰다. 대신 도우가 일품이라는 평이 말해주듯이 쫄깃한 도우가 환상적이었다.

이밖에 브루클린 브리지를 건너 브루클린 바로 초입에 위치한 100년 전통의 그리말디스 피자리아(Grimaldi's Pizzeria), 그리니치 빌리지에 있는 존스 오브 블리커 스트리트(John's of Bleecker Street) 등 많은 유명 피자집이 제각기 특색을 뽐내며 운영되고 있다.

델리카트슨(delicatessen)은 먹기 편하게 조리한 육류나 치즈를 파는 음식점이다. 카네기홀 부근의 델리카트슨이 유명했는데 문을 닫았다.

---

* 특히 2006~2007년 선풍적인 인기를 끌었던 이탈리아 마피아 패밀리 이야기 〈소프라노스〉의 주인공 제임스 갠돌피니의 사진이 유난히 많은데 아마도 이탈리아계 미국인이었던 그와 주인의 친분 때문인 듯하다.

지금은 사람들이 가장 많이 찾는 곳으로 로어 이스트 부근의 카츠 델리카트슨(Katz's Delicatessen)이 있다. 80년대 영화 〈해리가 샐리를 만났을 때〉에서 샐리가 해리에게 여자는 오르가즘을 연기할 수 있다는 걸 즉석에서 보여줬던 바로 그 장소로 유명해졌다. 두툼한 패스트라미(Pastrami, 훈제 비프)를 한가득 넣어 만든 샌드위치가 유명한데 성인이 한 번에 다 먹기 부담스러울 만큼 양이 많다. 부드러운 육질의 비프가 중독성 있을 만큼 맛있다. 뉴욕에 머무는 동안 한 번쯤 먹어볼 만하다.